DAS ABC DES GEMEINSCHAFTSRECHTS

(Vierte Ausgabe)

Manuskript verfaßt von Dr. Klaus-Dieter Borchardt,
abgeschlossen im Oktober 1993

Umschlagseite: Zeichnung von Finn Nygaard

Bibliographische Daten befinden sich am Ende der Veröffentlichung.

Luxemburg: Amt für amtliche Veröffentlichungen der Europäischen Gemeinschaften, 1994

ISBN 92-826-6291-8

Printed in Germany

Gedruckt auf chlorfreiem Papier

INHALT

EINLEITUNG

Noch bis kurz nach dem Ende des Zweiten Weltkriegs entwickelte sich unser staatliches und politisches Leben fast vollständig auf der Grundlage nationaler Verfassungen und Gesetze. Diese stellten in unseren demokratischen Staaten diejenigen Verhaltensregeln auf, die für die Bürger, die Parteien, aber auch für den Staat und seine Organe verbindlich waren. Erst der völlige Zusammenbruch Europas vermochte es, der Idee einer neuen europäischen Ordnung, zumindest in Westeuropa, neuen Aufschwung zu geben. Den ersten Grundstein zur Verwirklichung einer Europäischen Gemeinschaft legte der damalige französische Außenminister Robert Schuman mit seiner Erklärung vom 9. Mai 1950, in der er den von ihm und Jean Monnet entwickelten Plan vorstellte, die europäische Kohle- und Stahlindustrie in einer Europäischen Gemeinschaft für Kohle und Stahl zu vereinigen. Damit sollte gleichsam eine historische Initiative für ein „organisiertes und lebendiges Europa" gesetzt werden, das für die „Zivilisation unerläßlich" ist und ohne das „der Friede der Welt nicht gewahrt werden" kann. Dieser Plan wurde mit Abschluß des Gründungsvertrages der Europäischen Gemeinschaft für Kohle und Stahl (EGKS = „Montanunion") vom 18. April 1951 in Paris („Pariser Vertrag") und seinem Inkrafttreten am 23. Juli 1952 Realität. Im Anschluß daran wurden einige Jahre später durch die Verträge von Rom vom 25. März 1957 („Römische Verträge") die Europäische Wirtschaftsgemeinschaft (EWG) und die Europäische Atomgemeinschaft (EAG = Euratom) geschaffen. Gründerstaaten dieser Gemeinschaften waren die sechs Staaten Frankreich, Italien, Belgien, Luxemburg, die Niederlande und die Bundesrepublik Deutschland. Am 1. Januar 1973 sind das Vereinigte Königreich, Dänemark und Irland der Gemeinschaft beigetreten; in Norwegen wurde der zunächst ebenfalls geplante Beitritt durch eine Volksabstimmung im Oktober 1972 abgelehnt. In den Jahren 1976 und 1977 unterbreiteten Griechenland, Portugal und Spanien der Gemeinschaft Beitrittsanträge. Diese sogenannte Süderweiterung der EG ist inzwischen mit dem Beitritt Portugals und Spaniens mit Wirkung vom 1. Januar 1986 abgeschlossen, nachdem Griechenland bereits seit dem 1. Januar 1981 die Mitgliedschaft in der EG erworben hatte. In der EG sind nunmehr zwölf europäische Staaten zusammengeschlossen. Weitere Beitrittsanträge liegen vor von der Türkei (1987), Österreich (1989), Zypern (1990), Malta (1990), Schweden (1991), Finnland (1991), Norwegen und der Schweiz (1992).

Seit Inkrafttreten der „Römischen Verträge" am 1. Januar 1958 bestehen drei verschiedene Gemeinschaften, die auf jeweils eigenen Gründungsakten beruhen. Daran hat sich — juristisch gesehen — bis heute nichts geändert, da eine formelle Vereinigung der drei Gemeinschaften bisher noch nicht vollzogen worden ist. Gleichwohl sprechen gute Gründe für die Annahme, daß diese drei Gemeinschaften, obwohl nach den Sachgebieten verschieden, in ihrem politisch-rechtlichen Aufbau eine Einheit bilden. Sie sind zwischen denselben Mitgliedstaaten geschlossen worden und aus demselben eingangs dargestellten Grundgedanken hervorgegangen. Alle drei Gemeinschaften verfolgen die gleichen prinzipiellen Ziele, wie sie in den Präambeln der drei Verträge zum Ausdruck kommen:

Die Verwirklichung eines „organisierten Europas", die Schaffung der Grundlage „für einen immer engeren Zusammenschluß der europäischen Völker" und ein gemeinsames Vorgehen als Beitrag „zum Wohlstand ihrer Völker". Dem trägt auch die Entschließung des Europäischen Parlaments vom 16. Februar 1978 Rechnung, in der die Bezeichnung der drei Gemeinschaften als eine oder die „Europäische Gemeinschaft" vorgeschlagen worden ist. Auch im Sprachgebrauch der Publizistik und im Alltag der Bürger werden die drei Gemeinschaften seit langem als ein Ganzes angesehen. In dem von den Staats- bzw. Regierungschefs im Februar 1992 unterzeichneten *„Vertrag über die Europäische Union"* (Vertrag von Maastricht) ist vorgesehen, den Ausdruck „Europäische Wirtschaftsgemeinschaft" durch „Europäische Gemeinschaft" zu ersetzen. Aus dem EWG-Vertrag (EWGV) wird der EG-Vertrag (EGV)*. Mit dieser Änderung soll die qualitative Veränderung der EG von einer reinen Wirtschaftsgemeinschaft hin zu einer politischen Union zum Ausdruck gebracht werden. Auch hier soll zur Vereinfachung der Darstellung der Ausdruck „Europäische Gemeinschaft" (EG) verwendet werden; gemeint ist dabei allerdings noch die Zusammenfassung der drei Teilgemeinschaften (EGKS, EWG, EAG), so daß die hier gewählte Bezeichnung noch über die des Unionsvertrages hinausgeht.

Die von der EG getragene Rechtsordnung ist heute bereits zu einem festen Bestandteil unserer politischen Wirklichkeit geworden. Auf der Grundlage der Gemeinschaftsverträge werden jedes Jahr Tausende von Entscheidungen getroffen, die die Wirklichkeit der Mitgliedstaaten dieser Gemeinschaft und ihrer Bürger entscheidend mitgestalten. Der einzelne ist längst nicht mehr nur Bürger seiner Stadt, Gemeinde oder seines Staates, sondern eben auch *Gemeinschaftsbürger.* Nicht zuletzt deshalb ist es von großer Wichtigkeit, daß die Gemeinschaftsbürger über die auch sie betreffende Rechtsordnung informiert sind. Die Gesamtkonstruktion der EG und ihre Rechtsordnung erschließen sich allerdings nicht leicht dem Verständnis der Bürger. Zum Teil liegt dies schon an den Vertragstexten selbst, die häufig wenig übersichtlich und in ihrer Tragweite nicht leicht zu erkennen sind. Hinzu kommt die Ungewohntheit vieler Begriffe, mit denen die Verträge der neuen Sachverhalte Herr zu werden suchten. Im folgenden soll nun versucht werden, die Konstruktion der EG sowie die tragenden Säulen der europäischen Rechtsordnung zu veranschaulichen und so das Verständnisdefizit der Gemeinschaftsbürger verringern zu helfen.

(*) Soweit die Bestimmungen des EWG-Vertrages von denen des neuen EG-Vertrages abweichen, werden erstere in einer mit einem * gekennzeichneten Anmerkung gesondert angegeben.

DIE „VERFASSUNG“ DER EUROPÄISCHEN GEMEINSCHAFT

Jeder gesellschaftliche Verband hat eine *Verfassung.* Durch eine Verfassung wird die Struktur eines politischen Systems bestimmt, d. h., es werden die Glieder des Verbandes zueinander und zum Ganzen geordnet, die gemeinsamen Ziele bestimmt und jene Spielregeln festgelegt, nach denen die Entscheidungen verbindlich getroffen werden. Die Verfassung der EG als eines Verbandes von Staaten, dem ganz bestimmte Aufgaben und Funktionen übertragen wurden, muß deshalb ebenfalls imstande sein, auf die gleichen Fragen zu antworten wie eine Staatsverfassung.

Diese Verfassung der Gemeinschaft ist nicht wie die meisten Verfassungen ihrer Mitgliedstaaten in einer zusammenhängenden Verfassungsurkunde niedergelegt, sondern ergibt sich aus der Summe der Regeln und Grundwerte, an die sich die Verantwortlichen als verbindlich halten. Diese Normen stehen zum Teil in den Gründungsverträgen oder in den von den Gemeinschaftsorganen gesetzten Rechtsakten, zum Teil schlagen sie sich aber auch in Gewohnheiten nieder.

Die staatlichen Gemeinwesen werden beherrscht von zwei obersten Gestaltungsprinzipien: *Recht* („rule of law“) und *Demokratie.* Alles, was die Gemeinschaft bewirkt, muß, will sie den Grundforderungen nach Recht und Demokratie gerecht werden, sowohl rechtlich wie demokratisch legitimiert sein: Gründung, Aufbau, Zuständigkeiten, Funktionieren, Stellung der Mitgliedstaaten und ihrer Organe, Stellung des Bürgers.

Welche Antworten hält die Gemeinschaftsordnung nun auf diese ihre Struktur, ihre Grundwerte und ihre Organe betreffenden Fragen bereit?

Die vorliegende Veröffentlichung wurde am 15. November 1993 in Druck gegeben. Sie enthält somit nicht die institutionellen Änderungen, die später beschlossen wurden.

■ STRUKTUR DER GEMEINSCHAFT

Die Aufgaben der EG

Ihrer Struktur nach ähnelt die Gemeinschaftsordnung einer staatlichen Verfassungsordnung. Dies zeigt bereits der Katalog der Aufgaben, die der EG übertragen worden sind. Dabei handelt es sich nicht, wie sonst bei internationalen Organisationen üblich, um genau begrenzte technische Aufgaben, die von einem internationalen Organ wahrgenommen werden, sondern um Tätigkeitsbereiche, die in ihrer Gesamtheit existenzprägenden Charakter für Staaten besitzen. Nach dem EGKS-Vertrag ist die EG zuständig für die gemeinschaftliche Verwaltung der Kohle- und Stahlindustrie, die eine Schlüsselrolle in den nationalen Wirtschaften innehat. Die EAG hat gemeinsame Aufgaben bei der Erforschung und Nutzung der Kernenergie zu erfüllen. Die EWG schließlich zielt nicht wie die beiden anderen Gemeinschaften auf die engere Verflechtung bestimmter Wirtschaftsbereiche (sog. wirtschaftliche Integration) ab. Sie hat vielmehr die Aufgabe, durch *Errichtung eines gemeinsamen Marktes,* der die „nationalen Märkte“ der Mitgliedstaaten in sich vereinigt und auf dem alle Waren und Dienstleistungen zu den gleichen Bedingungen wie auf einem Binnenmarkt angeboten und verkauft werden können, sowie durch die schrittweise Annäherung der nationalen Wirtschaftspolitiken auf allen Wirtschaftsgebieten die Mitgliedstaaten zu einer Gemeinschaft zusammenzuführen. Erfaßt werden im einzelnen der freie Warenverkehr, die Freizügigkeit der Arbeitnehmer, die Niederlassungsfreiheit, der freie Dienstleistungsverkehr, der freie Kapital- und Zahlungsverkehr, die Landwirtschaft, die Verkehrspolitik, die Sozialpolitik und der Wettbewerb. Lediglich einige wenige, wenngleich wichtige Bereiche hoheitlicher Gewalt sind der Gemeinschaft entzogen, wie etwa die Verteidigung, die Diplomatie, das Erziehungswesen und die Kultur; für gewisse Teilaspekte besteht aber selbst in diesen Bereichen eine Gemeinschaftszuständigkeit.

Dieses Konzept der Schaffung eines gemeinsamen Marktes ist mit dem Programm zur *Vollendung des Binnenmarktes bis 1992* mit neuem Leben erfüllt worden. Dieses Programm wurde aus der Einsicht heraus geboren, daß zum einen der vollständigen Verwirklichung der genannten Freiheiten des gemeinsamen Marktes nach wie vor eine Reihe von nationalen Hindernissen entgegenstehen und zum anderen wichtige Wirtschaftsbereiche, wie etwa der Telekommunikationssektor oder das öffentliche Beschaffungswesen, vom Konzept des gemeinsamen Marktes bisher nicht erfaßt waren. In dem Weißbuch zur Vollendung des Binnenmarktes hat die Kommission der EG bereits im Juni 1985 den Staats- bzw. Regierungschefs der damals noch zehn Mitgliedstaaten einen rund dreihundert Rechtsakte umfassenden und mit einem präzisen Zeitplan versehenen Katalog von Maßnahmen vorgelegt, durch die bis zum Ende des Jahres 1992 alle noch bestehenden innergemeinschaftlichen Schranken beseitigt werden sollten. Den politischen Auftrag zur Verwirklichung des Programms „Binnenmarkt 1992" erhielt die Kommission von den Staats- bzw. Regierungschefs noch im gleichen Jahr auf dem Gipfeltreffen von Mailand. Um aber mit einiger Aussicht auf Erfolg in nur sieben Jahren ein Ziel erreichen zu können, das man mit weniger Mitgliedstaaten in fast drei Jahrzehnten nicht verwirklichen konnte, bedurfte es mehr als nur einer politischen Willenserklärung und der Verabschiedung eines Programms: Das Ziel „Binnenmarkt 1992" mußte Bestandteil der Römischen Verträge werden. Das wurde schließlich mit der *Einheitlichen Europäischen Akte* erreicht, durch die der EWG-Vertrag unter anderem durch eine Bestimmung ergänzt wurde, wonach die Gemeinschaft alle erforderlichen Maßnahmen trifft, um bis zum 31. Dezember 1992 den Binnenmarkt schrittweise zu verwirklichen (Artikel 8a EWGV*). Diese Bestimmung ist mit der Einheitlichen Europäischen Akte mit Wirkung vom 1. Juli 1987 in Kraft getreten.

Mit dem *„Vertrag über die Europäische Union"*, der nach Überwindung einiger Hindernisse im Ratifizierungsprozeß einiger Mitgliedstaaten noch im Jahre 1993 in Kraft treten konnte, ist eine weitere wirtschaftliche wie politische Dimension der EG erreicht worden. Die Europäische Union wird unter einem einheitlichen institutionellen Dach auf folgende **drei Säulen** errichtet:

1. Säule: die drei Europäischen Gemeinschaften (EWG, EAG, EGKS), die weiter vertieft und um eine Wirtschafts- und Währungsunion erweitert werden sollen.

2. Säule: die Zusammenarbeit der Mitgliedstaaten der Europäischen Gemeinschaften im Bereich der gemeinsamen Außen- und Sicherheitspolitik.

3. Säule: die Zusammenarbeit der Mitgliedstaaten der Europäischen Gemeinschaften in den Bereichen Justiz und Inneres.

Als neue Zielsetzungen und Aufgaben dieser Europäischen Union sind konkret zu nennen: 1. die Förderung eines ausgewogenen und dauerhaften wirtschaftlichen und sozialen Fortschritts, insbesondere durch Schaffung eines Raumes ohne Binnengrenzen, durch Stärkung des wirtschaftlichen und sozialen Zusammenhalts und durch Errichtung einer Wirtschafts- und Währungsunion, die auf längere Sicht auch eine einheitliche Währung umfassen soll; 2. die Behauptung der Identität der Europäischen Union auf internationaler Ebene, insbesondere durch eine gemeinsame Außen- und Sicherheitspolitik, wozu auf längere Sicht auch eine gemeinsame Verteidigungspolitik gehören kann; 3. die Stärkung des Schutzes der Rechte und Interessen der Staatsangehörigen der Mitgliedstaaten durch Einführung einer Unionsbürgerschaft; 4. die Entwicklung einer engen Zusammenarbeit in der Innen- und Rechtspolitik; 5. die vollständige Wahrung des gemeinschaftlichen Besitzstandes („ac-

* Nunmehr Art. 7 a EGV.

quis communautaire") und seine Weiterentwicklung.

Die Befugnisse der EG

Noch deutlicher treten die Ähnlichkeiten der Gemeinschaftsordnung mit der eines Staates zutage, wenn man sich das Ausmaß der *Befugnisse* vergegenwärtigt, mit denen die Gemeinschaftsorgane zur Wahrnehmung der der EG übertragenen Aufgaben ausgestattet worden sind. Die Gründungsverträge erteilen der EG und ihren Organen keine generelle Befugnis zum Erlaß aller zur Verwirklichung der Vertragsziele erforderlichen Maßnahmen, sondern legen in den jeweiligen Kapiteln den Umfang der Befugnisse zum Tätigwerden fest *(Prinzip der begrenzten Ermächtigung)*. Dieser Weg ist von den Mitgliedstaaten deshalb gewählt worden, um den Verzicht auf eigene Befugnisse überschaubar und kontrollierbar zu machen. Der materielle Umfang der Einzelermächtigungen ist je nach der Art der der EG übertragenen Aufgabenbereiche unterschiedlich weit gefaßt. Sehr weitgehend ist er beispielsweise im Bereich der gemeinsamen Verkehrspolitik, wo alle zweckdienlichen Vorschriften erlassen werden können (Art. 75 Abs. 1 d EGV*), auf dem Gebiet der Landwirtschaftspolitik (Art. 43 Abs. 2, Art. 40 Abs. 3 EGV) sowie im Bereich der Freizügigkeit der Arbeitnehmer (Art. 48 EGV). Dagegen ist der Handlungsspielraum der Gemeinschaft und ihrer Organe etwa im Wettbewerbsrecht (Art. 85 ff. EGV) durch eng umschriebene Voraussetzungen eingeschränkt. Über diese speziellen Handlungsbefugnisse hinaus eröffnen die Gemeinschaftsverträge den Gemeinschaftsorganen auch dann die Möglichkeit zum Tätigwerden, wenn dies erforderlich erscheint, um eines der Vertragsziele zu verwirklichen (vgl. Art. 235 EGV, 203 EAGV, Art. 95 Abs. 1 EGKSV — *subsidiäre Handlungsermächtigung)*. Damit wird den Organen allerdings keine generelle Ermächtigung erteilt, die die Wahrnehmung von Aufgaben ermöglicht, die außerhalb der von den Verträgen vorgegebenen Ziele liegen. Auch ist es den Gemeinschaftsorganen nicht möglich, unter Berufung auf die subsidiäre Handlungsermächtigung ihre eigenen Kompetenzen auf Kosten der Mitgliedstaaten zu erweitern. In der Praxis sind die Möglichkeiten dieser Ermächtigung nach anfänglichem Zögern immer häufiger genutzt worden. Dies ist darauf zurückzuführen, daß sich der EG heute Aufgaben stellen, die man bei Abschluß der Gründungsverträge noch nicht vorhergesehen hat und für die deshalb entsprechende Einzelermächtigungen in den Verträgen fehlten. Hinzuweisen ist vor allem auf die Bereiche des Umwelt- und Verbraucherschutzes, die Errichtung eines Europäischen Regionalfonds, der dazu beitragen soll, den Abstand zwischen den entwickelten und unterentwickelten Gebieten in der EG zu verringern, die Errichtung des Europäischen Fonds für währungspolitische Zusammenarbeit (Währungsfonds) sowie die seit 1973 zahlreich verabschiedeten Forschungsprogramme außerhalb der Europäischen Atomgemeinschaft. Die genannten Bereiche sind nunmehr durch die Einheitliche Europäische Akte ausdrücklich der Kompetenz der Gemeinschaft unterstellt worden. Schließlich bestehen weitere Zuständigkeiten zum Erlaß solcher Maßnahmen, die zur wirksamen und sinnvollen Ausführung bereits ausdrücklich eingeräumter Befugnisse erforderlich sind *(Zuständigkeiten kraft Sachzusammenhang)*. Besondere Bedeutung haben diese Zuständigkeiten für die Wahrnehmung von Außenbeziehungen erlangt. Danach kann die EG auch gegenüber Nichtmitgliedstaaten oder anderen internationalen Organisationen in Bereichen Verpflichtungen eingehen, die vom Aufgabenkatalog der EG erfaßt werden. Ein anschauliches Beispiel liefert der Rechtsstreit *Kramer*, mit dem sich der Gerichtshof der Europäischen Gemeinschaft zu befassen hatte. Dabei ging es um die Zuständigkeit der EG, zwecks Festsetzung von Fangquoten in der Seefischerei mit internationalen Organisationen zusammenzuarbeiten und gegebenenfalls entsprechende völkerrechtliche Verpflichtungen einzugehen. Der Gerichtshof leitete die dafür erforderliche auswärtige

* Früher Art. 75 Abs. 1 c EWGV.

Kompetenz der EG aus ihrer Zuständigkeit für Fischereierzeugnisse im Rahmen der gemeinsamen Landwirtschaftspolitik ab.

Der „Vertrag über die Europäische Union" baut auf diesen durch die drei ursprünglichen Europäischen Gemeinschaften geschaffenen Besitzstand an Kompetenzen auf, die punktuell ergänzt und erweitert werden. Danach kann die Europäische Wirtschaftsgemeinschaft (im Sinne des Unionsvertrages die Europäische Gemeinschaft) Kompetenzen für sich in Anspruch nehmen, die sich auf den Binnenmarkt, die Wirtschaft und die Währung einschließlich aller damit zusammenhängenden sozialen, kulturellen, forschungstechnischen, politischen, umweltpolitischen und entwicklungspolitischen Fragen beziehen. Die Europäische Atomgemeinschaft ist in ihren Kompetenzen auf die wirtschaftlichen Fragen der Forschung und Sicherheit bei der friedlichen Nutzung der Kernenergie und den Gemeinsamen Markt für die auf dem Kerngebiet verwendeten Stoffe und Ausrüstungen beschränkt. Die Europäische Gemeinschaft für Kohle und Stahl schließlich verfügt über Kompetenzen im Bereich eines Gemeinsamen (Kohle- und Stahl-)Marktes. Völlig neue Kompetenzbereiche erschließt der Vertrag von Maastricht der Europäischen Union im Bereich einer gemeinsamen Außen- und Sicherheitspolitik sowie auf dem Gebiet der Innen- und Rechtspolitik.

Die Ausübung dieser Kompetenzen durch die Europäische Union unterliegt jedoch dem von der katholischen Soziallehre entliehenen *Subsidiaritätsprinzip,* das nunmehr in Verfassungsrang erhoben worden ist. Dieses Prinzip verfügt über zwei Seiten, eine positive und eine negative: Die positive, d. h. kompetenzstimulierende Seite für die EG besagt, daß die EG handeln soll, wenn die angestrebten Ziele „besser auf Gemeinschaftsebene erreicht werden können"; die negative, d. h. abwehrende Seite des Subsidiaritätsprinzips bedeutet, daß die EG nicht tätig werden soll, wenn das Handeln der Mitgliedstaaten zur Zielverwirklichung ausreicht. In der Praxis bedeutet dies, daß alle Gemeinschaftsorgane, insbesondere aber die Kommission, nachzuweisen haben, daß es einer gemeinschaftlichen Regelung und eines gemeinschaftlichen Handelns überhaupt bedarf. Frei nach Montesquieu gilt hier: Wenn es nicht nötig ist, eine EG-Regelung zu treffen, ist es nötig, keine zu treffen. Wird der Regelungsbedarf auf Gemeinschaftsebene bejaht, ist anschließend die Frage nach der Intensität und der Art der zu treffenden Gemeinschaftsmaßnahme zu stellen. Die Antwort gibt hier der Grundsatz der Verhältnismäßigkeit, der durch die Rechtsprechung des Europäischen Gerichtshofes Eingang in die Gemeinschaftsrechtsordnung gefunden hat. Danach ist eingehend zu prüfen, ob ein Rechtsinstrument notwendig ist und ob nicht andere Aktionsmittel ausreichend wirksam wären. Dies bedeutet vor allem, daß Rahmengesetzen, Mindestvorschriften und Regeln zur gegenseitigen Anerkennung nationaler Vorschriften der Vorzug zu geben ist und übermäßig detaillierte Rechtsvorschriften vermieden werden sollten.

Rechtsnatur: Die EG ist noch kein Staat

Diese Gemeinsamkeiten der Gemeinschaftsordnung mit einer innerstaatlichen Ordnung reichen allerdings nicht aus, die EG im Hinblick auf ihre *Rechtsnatur* als (Bundes-)Staat zu charakterisieren. Den Organen der EG sind Hoheitsrechte nur auf den bereits genannten begrenzten Sachgebieten übertragen worden, ohne daß ihnen die Befugnis eingeräumt worden wäre, ihre Kompetenzen allein durch Beschlüsse ihrer Organe zu vermehren. Damit fehlt der EG sowohl die einen Staat kennzeichnende Allzuständigkeit als auch die Befugnis, neue Zuständigkeiten zu schaffen.

Auch wenn die EG (noch) kein Staat ist, so ist sie doch weiter entwickelt als eine völkerrechtliche Organisation herkömmlicher Art. Gemeinsam ist ihr mit völkerrechtlichen Organisationen im wesentlichen nur, daß auch sie durch völkerrechtliche Verträge geschaffen worden ist. Diese Verträge sind jedoch gleichzeitig Gründungsakte zur Errichtung selbständiger, mit eigenen Hoheitsrechten

und Kompetenzen ausgestatteter Gemeinschaften. Die Mitgliedstaaten haben zugunsten dieser Gemeinschaften Teile ihrer Gesetzgebungshoheit zusammengelegt und sie gemeinschaftlichen Organen unterstellt, in denen sie selbst allerdings wiederum ein gewichtiges Wort mitreden. Die EG stellt deshalb eine neue Form der Verbindung von Staaten dar, die zwischen einem Staat im herkömmlichen Sinn und einer internationalen Organisation einzuordnen ist. Zur Beschreibung ihrer Rechtsnatur hat sich im juristischen Sprachgebrauch der Begriff „Supranationalität" eingebürgert. Damit soll zum Ausdruck gebracht werden, daß die EG ein eigenständiger Herrschaftsverband mit eigenen Hoheitsrechten und einer von den Mitgliedstaaten unabhängigen Rechtsordnung ist, der sowohl die Mitgliedstaaten als auch deren Angehörige in dem der EG zugewiesenen Aufgabenbereich unterworfen sind. Es wäre jedoch falsch, daraus zu folgern, daß die EG damit bereits ihre fertige Gestalt gefunden hätte; sie ist vielmehr immer noch ein „System im Werden", dessen endgültiges Aussehen heute noch nicht voraussehbar ist. Diese Aussage hat auch nach Inkrafttreten des Vertrages über die Europäische Union weiterhin Bestand. Das Vertragswerk von Maastricht setzt keinen Endpunkt der Entwicklung einer Europäischen Union, sondern stellt lediglich einen weiteren Zwischenschritt in Richtung auf dieses angestrebte Ziel dar. So werden zwar die grundlegenden Bereiche Wirtschaft und Währung in eine Union eingebunden und die Zusammenarbeit in den Bereichen Außen- und Sicherheitspolitik sowie Innen- und Rechtspolitik auf Gemeinschaftsebene institutionalisiert, ein Staat oder ein Bundesstaat im völker- und staatsrechtlichen Sinne ist die EG in ihrer Ausgestaltung durch das Vertragswerk von Maastricht jedoch noch nicht. Dazu bedarf es weiterer Integrationsschritte, von denen gegenwärtig noch gar nicht sicher ist, daß sie von allen Beteiligten am Integrationsprozeß gewünscht werden. Zu unterschiedlich sind heute noch die Vorstellungen darüber, was eine Europäische Union repräsentieren und leisten soll.

■ GRUNDWERTE DER EUROPÄISCHEN GEMEINSCHAFT

Das Fundament für den Aufbau eines geeinten Europas bildeten elementare Wertvorstellungen, denen sich auch die Mitgliedstaaten verpflichtet fühlen und deren Verwirklichung den handelnden Organen der EG aufgegeben ist. Zu diesen anerkannten Grundwerten gehören: die Schaffung eines dauerhaften Friedens, Einheit, Gleichheit, Freiheit, Solidarität, wirtschaftliche und soziale Sicherheit.

Die EG als Garant des Friedens

Kein Motiv für die europäische Einigung wird übertroffen von dem Verlangen nach *Frieden*. Zwei Weltkriege sind in diesem Jahrhundert in Europa zwischen Staaten ausgetragen worden, die jetzt Migliedstaaten der EG sind. Deshalb bedeutet Europapolitik auch zugleich Friedenspolitik, und mit der Errichtung der EG ist zugleich das Kernstück für eine europäische Friedensordnung geschaffen worden, das einen Krieg zwischen den Gemeinschaftsländern unmöglich macht. Mehr als 40 Jahre Friede in Europa beweisen das.

Die Einheit als Leitmotiv der EG

Einheit ist das Leitmotiv der EG. Nur wenn die europäischen Staaten auf dem Weg, der zu ihrer Einheit führt, fortschreiten, können die Probleme der Gegenwart gemeistert werden. Nach Ansicht vieler sind der Friede in Europa und in der Welt, Demokratie und Rechtsstaatlichkeit, wirtschaftlicher Wohlstand und soziale Sicherung ohne europäische Integration, ohne die EG nicht zu erhalten und für die Zukunft zu sichern. Arbeitslosigkeit, Inflation und unzureichendes Wachstum sind längst keine nationalen Probleme mehr und können auch nicht national gelöst werden. Nur im Rahmen der EG kann eine stabile Wirtschaftsordnung errichtet, nur durch gemeinsame europäische Anstrengungen eine internationale Wirtschaftspolitik erreicht werden, welche die Leistungsfähigkeit der europäischen Wirtschaft verbessert und den sozialen Rechtsstaat festigen hilft. Ohne seine innere Geschlossenheit kann Europa seine politische und wirtschaftliche Unabhängigkeit von der übrigen Welt nicht behaupten und seinen Einfluß in der Welt und die Teilhabe an der Weltpolitik nicht zurückgewinnen.

Es muß Gleichheit herrschen

Einheit kann nur bestehen, wo *Gleichheit* herrscht. Gemeint ist die Gleichheit sowohl der Gemeinschaftsbürger als auch der Mitgliedstaaten. Kein Gemeinschaftsbürger darf wegen seiner Staatsangehörigkeit schlechter gestellt, „diskriminiert" werden: Alle Gemeinschaftsbürger sind vor dem Gesetz gleich. Für die Mitgliedstaaten bedeutet der Gleichheitsgrundsatz, daß keiner Vorrang vor dem anderen hat und naturgegebene Unterschiede wie Größe, Bevölkerungszahl eines Landes sowie unterschiedliche Strukturen nur innerhalb des Gleichheitsprinzips zu lösen sind.

Die Grundfreiheiten

Frieden, Einheit und Gleichheit vermitteln zugleich *Freiheit*. Mit der Schaffung eines größeren Raumes durch die Verbindung von nunmehr 12 Staaten wird gleichzeitig die Bewegungsfreiheit über die nationalen Grenzen hinaus gewährt. Es sind dies vor allem: die Freizügigkeit der Arbeitnehmer, die Freiheit der Niederlassung, die Freiheit des Dienstleistungsverkehrs, die Freiheit des Warenverkehrs, die Freiheit des Kapital- und Zahlungsverkehrs. Diese sogenannten Grundfreiheiten der Gründungsverträge garantieren dem Unternehmer seine freien Entscheidungen, dem Arbeitnehmer die freie Wahl seines Arbeitsplatzes und den Verbrauchern die freie Wahl zwischen den vielfältigsten Produkten. Der freie Wettbewerb erlaubt den Unternehmern, ihr Angebot an einen unvergleichlich größeren Kreis von Nachfragern zu richten. Der Arbeitnehmer sucht seinen Arbeitsplatz und wechselt ihn entsprechend seinen Vorstellungen und Interessen, und zwar innerhalb des gesamten Raumes der EG. Der Verbraucher kann aus einem durch den stärkeren Wettbewerb erheblich vergrößerten Warenangebot das Billigste und Beste auswählen.

Das Prinzip der Solidarität

Solidarität ist das notwendige Korrektiv der Freiheit; denn ein rücksichtsloser Gebrauch der Freiheit geht immer zu Lasten anderer. Deshalb muß eine Gemeinschaftsordnung, will sie auf Dauer Bestand haben, immer auch die Solidarität ihrer Mitglieder als grundlegendes Prinzip anerkennen und die Vorteile, d. h. den *Wohlstand*, wie auch die Lasten gleichmäßig und gerecht auf alle Mitglieder verteilen.

Das Verlangen nach Sicherheit

Alle diese Grundwerte sind schließlich abhängig von der *Sicherheit*. Gerade in jüngster Zeit, die gekennzeichnet ist von Bewegung und Veränderung und voll ist von Unbekannten, wird die Sicherheit zu einem elementaren Bedürfnis, dessen sich auch die EG annehmen muß. Jedes Handeln der Gemein-

schaftsorgane muß darauf bedacht sein, den Gemeinschaftsbürgern und Unternehmen ihre Zukunft berechenbar zu machen und den Verhältnissen, von denen sie abhängen, Bestand zu verleihen. Dies gilt für die Sicherheit der Arbeitsplätze ebenso wie für die Sicherheit der unternehmerischen Dispositionen, die im Vertrauen auf den Bestand der wirtschaftlichen Rahmenbedingungen getroffen werden, und schließlich auch für die soziale Sicherheit aller in der EG lebenden Bürger.

Die Grundrechte in der EG

Wenn wie eben von den Grundwerten und den grundlegenden Wertvorstellungen die Rede war, so stellte sich zwangsläufig auch die Frage nach den individuellen *Grundrechten* der Gemeinschaftsbürger. Dies um so mehr, als die Geschichte Europas seit mehr als zwei Jahrhunderten durch fortwährende Bemühungen um eine Verstärkung des Grundrechtsschutzes gekennzeichnet ist. Von den Erklärungen der Menschen- und Bürgerrechte des 18. Jahrhunderts ausgehend, zählen die Grund- und Freiheitsrechte zum festen Bestandteil der Verfassungsordnungen der meisten zivilisierten Staaten. Dies gilt in besonderem Maße für die Mitgliedstaaten der EG, deren Rechtsordnungen auf der Wahrung des Rechts sowie auf der Achtung der Würde, Freiheit und Entfaltungsmöglichkeiten des einzelnen aufgebaut sind. Darüber hinaus gibt es zahlreiche internationale Abkommen über den Schutz der Menschenrechte, von denen der Europäischen Konvention zum Schutz der Menschenrechte und Grundfreiheiten vom 4. November 1950 eine herausragende Bedeutung zukommt. Bei der Konferenz von Helsinki über Sicherheit und Zusammenarbeit in Europa (KSZE) schließlich gehörte der Schutz der Menschenrechte zur wichtigsten Forderung der westlichen Staaten.

Wer nun die Gemeinschaftsverträge nach ausdrücklichen Regelungen der individuellen Freiheitsrechte der Gemeinschaftsbürger durchsieht, wird enttäuscht. Die Gemeinschaftsverträge enthalten anders als die Rechtsordnungen der Mitgliedstaaten weder einen Grundrechtskatalog noch ein allgemein verbindliches Bekenntnis zur Achtung und zum Schutz der Grund- und Freiheitsrechte der Gemeinschaftsbürger, wie es etwa in dem Vertrag zur Errichtung einer Europäischen Verteidigungsgemeinschaft vom 27. Mai 1952 vorgesehen war; ja nicht einmal der Begriff „Grundrecht" oder „Menschenrecht" kommt in den Gemeinschaftsverträgen vor.

Wie ist dieses Schweigen der Gemeinschaftsverträge zu deuten?

Ist die EG grundrechtsblind? Entzieht sie sich der grundlegenden Forderung nach der Absicherung elementarer individueller Rechtspositionen?

Die Antwort auf diese Fragen ist ein entschiedenes Nein.

Löst man sich von einer auf eine ausdrückliche Gewährleistung der Grundrechte fixierten Betrachtungsweise, stellt man fest, daß sich über die Vertragstexte verstreut Bestimmungen finden, die ihrem Inhalt nach dem Schutz der Gemeinschaftsbürger zu dienen bestimmt sind und bestimmten Grundrechtsverbürgungen der Mitgliedstaaten sehr nahe kommen.

Dies gilt vor allem für die zahlreichen Diskriminierungsverbote, die jeweils besondere Aspekte des *allgemeinen Gleichheitssatzes* zum Ausdruck bringen. Zu nennen sind etwa Artikel 6 EGV* über das Verbot jeglicher Diskriminierung aus Gründen der Staatsangehörigkeit, Artikel 48, 52 und 60 EGV über die Gleichstellung der Gemeinschaftsbürger auf dem Gebiet des Arbeits-, Niederlassungs- und Dienstleistungsrechts, Artikel 85 ff. EGV über die Freiheiten des Wettbewerbs sowie Artikel 119 EGV über die Lohngleichheit für Männer und Frauen.

Als gemeinschaftliches *Grundrecht der Bewegungs- und Berufsfreiheit* können die Gemeinschaftsregelungen zur Herstellung der vier Grundfreiheiten der EG angesehen werden, die grundlegende Freiheiten des Berufslebens garantieren. Es sind dies die Be-

* Früher Art. 7 EWGV.

stimmungen über die Freizügigkeit der Arbeitnehmer (Art. 48 EGV), die Freiheit der Niederlassung (Art. 52 EGV) und des Dienstleistungsverkehrs (Art. 59 EGV) sowie die Freiheit des Warenverkehrs (Art. 9 ff. EGV).
Andere Grundrechtsbereiche werden schließlich in Einzelbestimmungen der Gemeinschaftsverträge anerkannt. Von besonderer Bedeutung sind dabei vor allem *die Vereinigungsfreiheit* (Art. 118 Abs. 1 EGV, Art. 48 Abs. 1 EGKSV), *das Petitionsrecht* (Art. 48 Abs. 2 EGKSV) und der *Schutz des Geschäfts- und Berufsgeheimnisses* (Art. 214 EGV, Art. 194 EAGV, Art. 47 Abs. 2 und 4 EGKSV).

Diese Ansätze eines Grundrechtsschutzes der Gemeinschaftsbürger sind vom Gerichtshof der EG, nachdem er die Frage der Geltung der Grundrechte innerhalb der EG in den Anfangsjahren seiner Rechtsprechung nicht als eine von ihm wahrzunehmende Aufgabe angesehen hatte, seit 1969 stetig weiterentwickelt und ergänzt worden. Ausgangspunkt dieser Rechtsprechung war das Urteil *Stauder*, in dem es darum ging, daß ein Empfänger von Kriegsopferfürsorge es als Verletzung seiner Menschenwürde und des Gleichheitsgrundsatzes ansah, daß er bei der Registrierung zum Kauf von Weihnachtsbutter seinen Namen angeben mußte. Obwohl der Gerichtshof bereits durch eine Auslegung der Gemeinschaftsvorschrift zu dem Ergebnis kam, daß die Angabe des Namens nicht erforderlich sei und sich damit die Prüfung einer Grundrechtsverletzung eigentlich erübrigt hatte, stellte er abschließend fest, daß auch die Beachtung der Grundrechte zu den allgemeinen Grundsätzen der Gemeinschaftsordnung gehöre, deren Wahrung der Gerichtshof zu sichern habe. Damit hat der

Gerichtshof erstmalig die Existenz einer eigenen Grundrechtsordnung in der EG anerkannt. In späteren Entscheidungen hat der Gerichtshof dann die Maßstäbe, nach denen er den Grundrechtsschutz auf der Gemeinschaftsebene zu gewährleisten gedenkt, präzisiert. Es sind dies zum einen die gemeinsamen Verfassungsüberlieferungen der Mitgliedstaaten und zum anderen die internationalen Verträge über den Schutz der Menschenrechte, an deren Abschluß die Mitgliedstaaten beteiligt waren oder denen sie beigetreten sind. Auf dieser Grundlage hat der Gerichtshof nach und nach eine Reihe von Grundrechten anerkannt und in die Gemeinschaftsordnung eingeführt. Entsprechend den primär wirtschaftlichen Zielsetzungen der EG stehen dabei die Grundrechte mit wirtschaftlichem und sozialem Bezug im Vordergrund. So wurden bereits in den 70er Jahren das Eigentumsrecht und die freie Berufsausübung sowie, damit zusammenhängend, die Handelsfreiheit bzw. das Recht auf wirtschaftliche Betätigung als Gemeinschaftsgrundrechte herausgebildet. Sie kommen vor allem gegenüber marktordnenden Regelungen im Bereich der Gemeinsamen Agrarpolitik zum Tragen. Später kamen hinzu: die Vereinigungs- und Koalitionsfreiheit sowie die Religions- und Meinungsfreiheit (etwa in Streitsachen betreffend den Europäischen Öffentlichen Dienst), die Achtung des Privat- und Familienlebens (etwa im Bereich des Nachzugsrechts für die Familienangehörigen der Wanderarbeitnehmer), des weiteren die Vertraulichkeit des Schriftwechsels mit dem Anwalt, d. h. das aus dem common law bekannte „legal privilege“, sowie die Unverletzlichkeit der Wohnung etwa gegenüber Durchsuchungen der EG-Kommission als Kartellbehörde. Von besonderer Bedeutung und in Gemeinschaftsrechtsstreitigkeiten immer wieder herangezogen wird das Gebot der Gleichbehandlung. In seiner allgemeinsten Definition besagt dieses Gebot, daß vergleichbare Sachverhalte nicht unterschiedlich behandelt werden dürfen, es sei denn, daß eine Differenzierung objektiv gerechtfertig wäre. Das Gleichbehandlungsgebot verbietet es nach der Rechtsprechung des Europäischen Gerichtshofes jedoch nicht, daß entgegen bisherigen internationalen Gepflogenheiten Inländer bzw. Inlandserzeugnisse strengeren Anforderungen unterworfen werden können als Staatsangehörige anderer Mitgliedstaaten oder Einfuhrprodukte. Dieser sogenannten *„umgekehrten Diskriminierung“* kann gemeinschaftsrechtlich nicht abgeholfen werden, da sie Folge der beschränkten Gemeinschaftskompetenz ist. Das gemeinschaftsrechtliche Liberalisierungsgebot, das aus den Grundfreiheiten fließt, erfaßt nämlich nach bisheriger Auffassung des Gerichtshofes grundsätzlich nur Vorgänge mit grenzüberschreitendem Bezug. Dagegen fallen Regelungen in bezug auf die Herstellung und Vermarktung einheimischer Erzeugnisse bzw. die Rechtsstellung der eigenen Staatsangehörigen im Inland nur insoweit in den gemeinschaftsrechtlichen Regelungsbereich, als bereits eine Harmonisierung auf Gemeinschaftsebene erfolgt ist. Ob dieser vom Gerichtshof der EG praktizierte Ansatz der „rein internen Sachverhalte“ auch noch unter der Geltung der seit dem 1. Januar 1993 mit dem Beginn des Binnenmarktes veränderten, d. h. erweiterten Zielsetzungen Gültigkeit beanspruchen kann, erscheint zumindest zweifelhaft. Dabei ist vor allem zu bedenken, daß der Binnenmarkt in Artikel 7 a EGV* definiert ist als „Raum ohne Binnengrenzen, in dem der freie Verkehr von Waren, Personen, Dienstleistungen und Kapital gemäß den Bestimmungen dieses Vertrages gewährleistet ist“. Der Gerichtshof der EG wird bei nächster Gelegenheit zu entscheiden haben, ob auch in diesem Binnenmarkt rein interne Sachverhalte von der Geltung des Gemeinschaftsrechts ausgenommen werden können. Dabei muß auch die Frage beantwortet werden, welchen Wert die Erklärung der Staats- bzw. Regierungschefs zu Artikel 7 a EGV beanspruchen kann, wonach die Festsetzung des Termins „31. Dezember 1992“ für die Verwirklichung des Binnenmarktes keine automatische rechtliche Wirkung mit sich bringt. Eine Überprüfung der Rechtspre-

* Früher Art. 8 a EWGV.

chung zu den „internen Sachverhalten" und zur Zulässigkeit „umgekehrter Diskriminierungen" kann nämlich nur dann stattfinden, wenn der Gerichtshof den mit dem Binnenmarkt erweiterten Zielsetzungen rechtliche Verbindlichkeit zuerkennt. Dank der Rechtsprechung des EuGH verfügt das Gemeinschaftsrecht auch über einen erheblichen Fundus grundrechtsverwandter *rechtsstaatlicher Prinzipien.* Überragende praktische Bedeutung kommt dabei dem Grundsatz der Verhältnismäßigkeit zu. Er beinhaltet ein Gebot der Güter- und Interessenabwägung, das seinerseits die Aspekte der Eignung und Erforderlichkeit der Maßnahme und des Übermaßverbotes umfaßt. Zu den grundrechtsverwandten allgemeinen Rechtsprinzipien sind ferner die allgemeinen Grundsätze des Verwaltungsrechts und des „due process" zu zählen, wie z. B. der Grundsatz des Vertrauensschutzes, das Verbot der Rückwirkung belastender bzw. der Rücknahme oder des Widerrufs begünstigender Akte sowie das Recht auf rechtliches Gehör, das im Verwaltungsverfahren vor der EG-Kommission, aber auch im Verfahren vor dem Europäischen Gerichtshof zum Tragen kommt.

Unter dem Eindruck dieser Rechtsprechung haben sich auch das Europäische Parlament, der Rat und die Kommission in ihrer gemeinsamen Erklärung vom 5. April 1977 feierlich zur Achtung der Grundrechte bekannt. Die Gemeinschaftsorgane haben in dieser Erklärung die Bedeutung der Grundrechte auch für die EG unterstrichen und sich zur Achtung der Grundrechte bei der Ausübung ihrer Befugnisse und bei der Verfolgung der Ziele der EG verpflichtet. Dieser Grundrechtserklärung haben sich die Staats- bzw. Regierungschefs der Mitgliedstaaten auf ihrem Gipfeltreffen am 7. und 8. April 1978 in Kopenhagen in ihrer Deklaration zur Demokratie angeschlossen. Die genannten Erklärungen vermögen zwar für die Gemeinschaftsbürger keine unmittelbaren Rechte zu begründen, sie haben aber als allseitige Anerkennung der Grundrechte auf Gemeinschaftsebene erhebliche rechtspolitische Bedeutung.

Bei aller Anerkennung für die Leistung des Gerichtshofs in der Herausbildung ungeschriebener Grundrechte hat dieses Verfahren zur Gewinnung „Europäischer Grundrechte" einen gravierenden Nachteil: Der Gerichtshof bleibt auf den jeweiligen Einzelfall beschränkt. Dies kann zur Folge haben, daß er nicht in der Lage ist, für alle Bereiche, in denen es notwendig oder wünschenswert erscheint, aus den allgemeinen Rechtsgrundsätzen Grundrechte zu entwickeln. Es wird ihm auch nicht möglich sein, Umfang und Grenzen des Grundrechtsschutzes in der nötigen Allgemeinheit und Differenziertheit herauszuarbeiten. Infolgedessen können die Gemeinschaftsorgane nicht hinreichend genau abschätzen, ob sie Gefahr laufen, ein Grundrecht zu verletzen oder nicht. Auch ein betroffener Gemeinschaftsbürger kann nicht in jedem Fall beurteilen, ob eine Verletzung eines seiner Grundrechte vorliegt. Die hierin liegende Rechtsunsicherheit kann letztendlich nur durch einen speziell für die Gemeinschaft zu schaffenden Grundrechtskatalog beseitigt werden. Dies setzt jedoch eine Änderung der bestehenden Gemeinschaftsverträge und damit einen Konsens aller Mitgliedstaaten über den Inhalt und die Grenzen der Grundrechte voraus. An dieser Übereinstimmung fehlt es bis heute noch: Sowohl in der Einheitlichen Europäischen Akte wie im Vertrag über die Europäische Union konnten sich die Mitgliedstaaten lediglich auf eine Kompromißformel einigen, in der zum Ausdruck gebracht wird, daß die EG (Europäische Union) die in der europäischen Menschenrechtskonvention verankerten Grundrechte sowie die aus der gemeinsamen verfassungsrechtlichen Tradition der Mitgliedstaaten fließenden allgemeinen Grundsätze des Gemeinschaftsrechts achtet.

■ ORGANE DER GEMEINSCHAFT

Die dritte Frage, die sich im Zusammenhang mit der Verfassung der EG stellt, ist die nach ihrer Organisation: Welches sind die Organe der EG? Da die EG Funktionen wahrnimmt, die sonst nur Staaten zustehen, drängt sich die Frage auf, ob es eine Regierung, ein Parlament, Verwaltungsbehörden und Gerichte gibt, wie sie uns aus den Mitgliedstaaten bekannt sind.

Die Durchführung der der EG zugewiesenen Aufgaben und die Steuerung des Integrationsprozesses wurden bewußt nicht allein der Initiative und Zuständigkeit der Mitgliedstaaten oder der internationalen Zusammenarbeit überlassen. Die EG verfügt vielmehr über ein institutionelles System, das sie in die Lage versetzt, der europäischen Einigung neue Impulse und Zielsetzungen zu geben sowie auf den in ihre Zuständigkeit fallenden Sachgebieten für alle Mitgliedstaaten gleichermaßen verbindliches gemeinschaftliches Recht zu setzen.

Die Hauptakteure in diesem System sind zum einen der Europäische Rat und zum anderen die Verfassungsorgane der EG, zu denen das Europäische Parlament, der Rat der EG, im politischen Sprachgebrauch auch „Ministerrat" genannt, die Kommission der EG, der Gerichtshof der EG sowie — nach Inkrafttreten des Vertrages über die Europäische Union — der Rechnungshof der EG gehören. Zu den Verfassungsorganen treten noch einige Hilfsorgane.

Von diesen Organen waren der Gerichtshof und das Parlament, letzteres allerdings unter der Bezeichnung Versammlung, von Anfang an den drei Gemeinschaften gemeinsam. Dafür sorgte ein Abkommen zwischen den ursprünglich 6 Mitgliedstaaten, das 1957 gleichzeitig mit den Römischen Verträgen unterzeichnet wurde. Vollendet wurde die Schaffung gemeinsamer Organe im Juli 1967 mit dem „Vertrag zur Einsetzung eines gemeinsamem Rates und einer gemeinsamen Kommission der Europäischen Gemeinschaften" (Fusionsvertrag). Seit dieser Zeit haben alle drei Gemeinschaften denselben institutionellen Aufbau.

Der Europäische Rat (Art. 23 EEA)

Der Europäische Rat ist aus den Gipfelkonferenzen der Staats- bzw. Regierungschefs der Mitgliedstaaten der EG hervorgegangen. Auf ihrer Konferenz am 9./10. Dezember 1974 in Paris beschlossen die Staats- bzw. Regierungschefs, künftig jährlich dreimal als Europäischer Rat zusammenzutreffen. Durch die Einheitliche Europäische Akte wurde der Europäische Rat schließlich im Jahre 1987 auch formell in das Institutionsgefüge der EG eingegliedert (Art. 23 EEA).

Im Europäischen Rat kommen die Staats- bzw. Regierungschefs der Mitgliedstaaten sowie der Präsident der Kommission der EG mindestens zweimal jährlich zusammen. Sie werden von den Ministern für auswärtige Angelegenheiten und einem Mitglied der Kommission in ihren Arbeiten unterstützt (Art. 2 EEA).

Die eigentliche Funktion des Europäischen Rates besteht darin, die allgemeinen politischen Leitlinien für das europäische Einigungswerk festzulegen und dies sowohl im Hinblick auf die Europäischen Gemeinschaften als auch im Hinblick auf die Europäische Politische Zusammenarbeit. Die Wahrnehmung seiner Aufgaben im Rahmen der EG erfolgt durch den Erlaß von politischen Grundsatzentscheidungen oder die Formulierung von Richtlinien und Aufträgen für die Arbeit des Rates oder der im Rat vereinigten Vertreter der Regierungen der Mitgliedstaaten. Derartige Anstöße sind vom Europäischen Rat etwa für die Wirtschafts- und Währungsunion, das Europäische Währungssystem, die Direktwahlen des Europäischen Parlaments sowie für sozialpolitische Aktivitäten und in Beitrittsfragen ausgegangen. Darüber hinaus besteht die Möglichkeit, daß im Rahmen des Europäischen Rates verbindliche Gemeinschaftsrechtsakte erlassen werden. Dabei handelt dieses Organ freilich nicht mehr als Europäischer Rat, sondern übernimmt die Funktion des Ministerrats der EG. In der Gemeinschaftspraxis ist von dieser Möglichkeit bisher allerdings noch kein Gebrauch gemacht worden. Im Rahmen der Politischen Zusammenarbeit liegen die Aufgaben des Europäischen Rates vor allem in der Abgabe von Stellungnahmen zu weltpolitischen Fragen sowie in der

Koordinierung der Außenpolitik der Mitgliedstaaten.

Das Europäische Parlament (Art. 137 ff EGV)

Das Europäische Parlament (EP) vertritt nach den Gemeinschaftsverträgen die Völker der in der EG zusammengeschlossenen Staaten.

Die Abgeordneten des EP waren bis zum Jahre 1979 Mitglieder der nationalen Parlamente, aus deren Mitte sie ernannt und ins EP entsandt wurden. Die bereits in den Verträgen vorgesehene allgemeine und unmittelbare Wahl der Abgeordneten des EP durch die Bevölkerung der Mitgliedstaaten konnte nach vielen vergeblichen Initiativen erst im Jahre 1979 verwirklicht werden. Die ersten direkten Wahlen zum EP fanden im Juni 1979 statt und werden seitdem im Abstand von jeweils fünf Jahren durchgeführt. Ein gemeinschaftsrechtliches Wahlsystem, wie es in den EG-Verträgen ebenfalls vorgesehen ist, besteht bisher nicht. Auch zur dritten Direktwahl des EP (1989) wurde wie bereits 1979 noch nationales Wahlrecht angewandt. So konnte z. B. im Vereinigten Königreich das Mehrheitswahlrecht auch für die Europawahlen beibehalten werden, während in den übrigen Mitgliedstaaten Systeme der Verhältniswahl gelten.

Die *Zusammensetzung* des EP verdeutlicht die folgende Aufstellung, die die Verhältnisse nach der dritten Direktwahl 1989 widerspiegelt. Für die nächsten Direktwahlen im Jahre 1994 wurde die Zahl der Abgeordneten auf 567 erhöht. Damit soll vor allem der Situation nach der Vereinigung der beiden deutschen Staaten Rechnung getragen werden, die eine Vertretung auch der Menschen in den fünf neuen Bundesländern im EP verlangt. Die Zahl der deutschen Abgeordneten wird deshalb um 18 auf 99 erhöht. In der noch laufenden Wahlperiode verfügen die 18 Vertreter aus den neuen Bundesländern im EP über einen Beobachterstatus. Im Gefolge dieser Erhöhung wurde auch die Zahl der Abgeordneten anderer Mitgliedstaaten angepaßt. Danach werden Frankreich, das Vereinigte Königreich und Italien künftig über je 87 (81), Spanien über 64 (60), die Niederlande über 31 (25) und Belgien, Griechenland sowie Portugal über je 25 (24) Abgeordnete im EP verfügen. Die Sitzverteilung für Dänemark (16), Irland (15) und Luxemburg (6) bleibt hingegen unverändert.

Seit der Direktwahl kann das EP für sich in Anspruch nehmen, eine „Vertretung der Bürger der Mitgliedstaaten der EG" zu sein und hat damit eine demokratische Legitimation erhalten. Die Existenz eines direkt gewählten Parlaments allein kann jedoch die Grundforderung einer demokratischen Verfassung, wonach alle Staatsgewalt vom Volk auszugehen hat, nicht erfüllen. Dazu gehört neben der Durchschaubarkeit des Entscheidungsprozesses auch die Repräsentativität der Entscheidungsorgane und die Mitwirkung der Betroffenen. Gerade hier läßt die gegenwärtige Ordnung der Gemeinschaft einiges zu wünschen übrig. Sie wird deshalb zu Recht als eine noch „unterentwickelte Demokratie" bezeichnet. Das EP übt nach wie vor nur ansatzweise die Funktionen eines echten Parlaments aus, wie dies etwa im staatlichen Modell der parlamentarischen Demokratie der Fall ist. Zunächst wählt das EP keine Regierung; dies ganz einfach deshalb nicht, weil es eine solche im herkömmlichen Sinn in der EG nicht gibt. Vielmehr werden die regierungsähnlichen Funktionen, die in den Verträgen vorgesehen sind, vom Rat und von der Kommission in Arbeitsteilung wahrgenommen. Immerhin wird dem EP durch den Vertrag über die Europäische Union die Möglichkeit der Einflußnahme auf die Zusammensetzung der Kommission eingeräumt. Das EP verfügt danach über ein sog. Investiturrecht. Das bedeutet, daß der Präsident der Kommission erst nach Anhörung des EP von den Regierungen der Mitgliedstaaten benannt wird und sich der Präsident wie die übrigen Mitglieder der Kommission als Kollegium einem Abstimmungsvotum des EP stellen müssen. Ein vergleichbarer Einfluß auf die Zusammensetzung des Rates besteht hingegen nicht. Letzterer unterliegt nur insoweit einer parlamentarischen Kontrolle, als jedes seiner Mitglieder als nationaler Minister der Kontrolle sei-

EUROPÄISCHES PARLAMENT: 518 Mitglieder (ab Juni 1994: 567 Mitglieder)

Das Parlament wird von einem Präsidenten und 14 Vizepräsidenten geleitet.

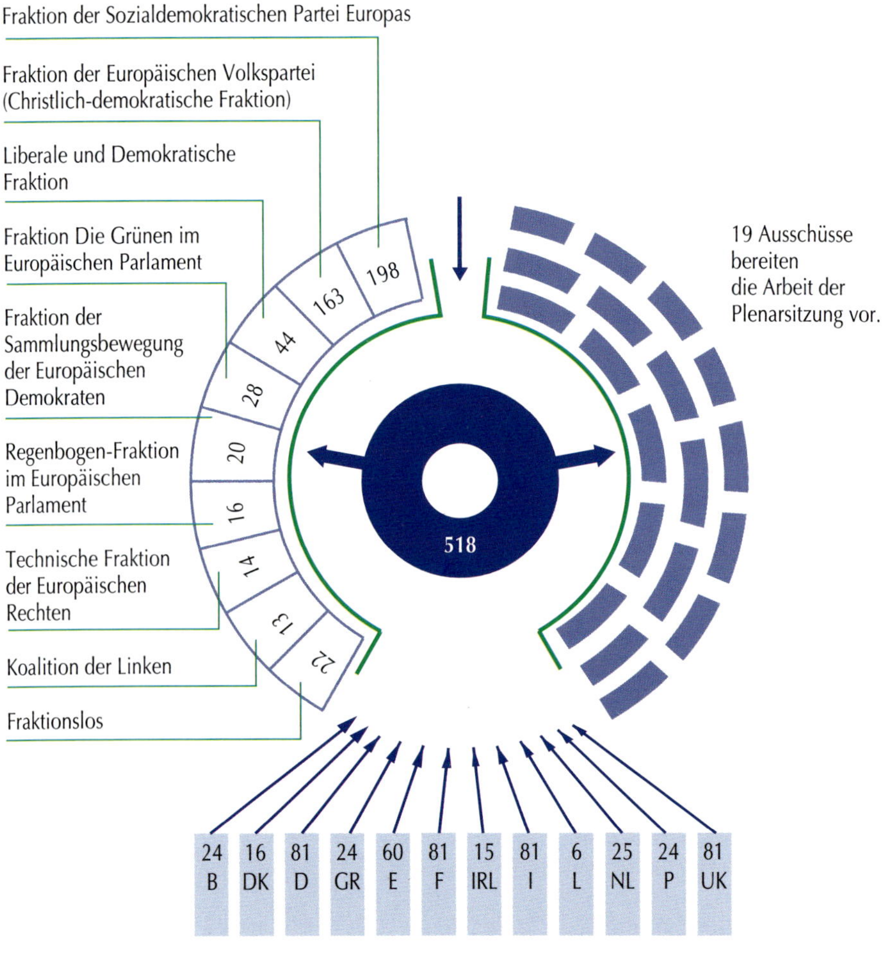

Politische Zusammensetzung des Europäischen Parlaments (Stand: 21. Juni 1993)

Zusammensetzung des Europäischen Parlaments (Stand: 21. Juni 1993)

1	Fraktion der Sozialdemokratischen Partei Europas	198 Abgeordnete
2	Fraktion der Europäischen Volkspartei (Christlich-demokratische Fraktion)	163 Abgeordnete
3	Liberale und Demokratische Fraktion	44 Abgeordnete
4	Fraktion Die Grünen im Europäischen Parlament	28 Abgeordnete
5	Fraktion der Sammlungsbewegung der Europäischen Demokraten	20 Abgeordnete
6	Regenbogen-Fraktion im Europäischen Parlament	16 Abgeordnete
7	Technische Fraktion der Europäischen Rechten	14 Abgeordnete
8	Koalition der Linken	13 Abgeordnete
9	Fraktionslos	22 Abgeordnete

1. Ausschuß für auswärtige Angelegenheiten und Sicherheit

2. Ausschuß für Landwirtschaft, Fischerei und ländliche Entwicklung

3. Haushaltsschutz

4. Ausschuß für Wirtschaft, Währung und Industriepolitik

5. Ausschuß für Energie, Forschung und Technologie

6. Ausschuß für Außenwirtschaftsbeziehungen

7. Ausschuß für Recht und Bürgerrechte

8. Ausschuß für soziale Angelegenheiten, Beschäftigung und Arbeitsumwelt

9. Ausschuß für Regionalpolitik, Raumordnung und Beziehungen zu den regionalen und lokalen Körperschaften

10. Ausschuß für Verkehr und Fremdenverkehr

11. Ausschuß für Umweltfragen, Volksgesundheit und Verbraucherschutz

12. Ausschuß für Kultur, Jugend, Bildung und Medien

13. Ausschuß für Entwicklung und Zusammenarbeit

14. Ausschuß für bürgerliche Freiheiten und innere Angelegenheiten

15. Ausschuß für Haushaltskontrolle

16. Institutioneller Ausschuß

17. Ausschuß für Geschäftsordnung, Wahlprüfung und Fragen der Immunität

18. Ausschuß für die Rechte der Frau

19. Petitionsausschuß

nes heimischen Parlaments unterworfen ist. Die eigentlichen Funktionsbereiche lassen sich wie folgt unterscheiden:

— **Beratungsfunktion:** Seine beratende Funktion übt das EP vor allem im Rahmen der vertraglich festgelegten Anhörungsrechte aus. Sie gewährleisten eine Beteiligung des EP am Rechtsetzungsverfahren der EG insoweit, als das EP zu den Vorschlägen der Kommission eine Stellungnahme abgeben muß, bevor der Rat einen Beschluß fassen kann (sog. obligatorische Anhörung). Der Einfluß des EP auf die Entscheidung des Rates ist dabei allerdings verhältnismäßig gering, da der Rat an die Stellungnahme nicht gebunden ist. Sie gewinnt häufig nur in dem Umfang Wirkung, wie die Kommission deren Ergebnis dem Rat gegenüber vertritt und sich dabei durchsetzt. Eine, wenn auch nur quantitative Ausdehnung haben die Anhörungsrechte dadurch erfahren, daß das EP heute in allen bedeutenden Angelegenheiten, d.h. auch dort, wo es vertraglich nicht vorgesehen ist, konsultiert wird (sog. fakultative Anhörung). Eine gewisse Stärkung dieser Beratungsfunktion des EP im Rahmen des Entscheidungsprozesses der EG hat das für alle wesentlichen Entscheidungen zur Schaffung eines europäischen Binnenmarktes vereinbarte Verfahren der Zusammenarbeit gebracht. Dieses Verfahren, auf das bei der Darstellung der Rechtsetzungsverfahren in der EG noch näher eingegangen wird, führt im wesentlichen zu einer zweiten Lesung der gemeinschaftlichen Rechtsetzungsakte im EP.

MINISTERRAT

12 Vertreter der Regierungen der Mitgliedstaaten

Ausschuß der ständigen Vertreter der Regierungen der Mitgliedstaaten (Coreper)

Gesetzgebung

Stimmengewichtung

10	BR Deutschland
10	Frankreich
10	Italien
10	Vereinigtes Königreich
8	Spanien
5	Portugal

Stimmengewichtung

Griechenland	5
Niederlande	5
Belgien	5
Dänemark	3
Irland	3
Luxemburg	2

Qualifizierte Mehrheit:
54/76

— **Kontrollfunktion:** Kontrollfunktionen übernimmt das EP allein gegenüber der Kommission. Die Kontrollen bestehen vor allem darin, daß die Kommission dem EP Rede und Antwort stehen, ihre Haltung in öffentlichen Plenardebatten vertreten und dem EP jährlich einen „Gesamtbericht über die Tätigkeit der EG" zur Diskussion vorlegen muß. Bei dieser Gelegenheit kann das EP der Kommission mit einer 2/3-Mehrheit das Mißtrauen aussprechen und sie damit zum Rücktritt zwingen. Bisher wurden im EP insgesamt erst vier Mißtrauensanträge eingebracht, von denen nur zwei (1976) zur Abstimmung gelangten; sie wurden mit großer Mehrheit abgelehnt. Da sich auch der Rat in der Gemeinschaftspraxis den Fragen des EP stellt, verfügt das EP über die Möglichkeit einer direkten politischen Aussprache mit den beiden Rechtsetzungsorganen der EG, von der das EP bisher auch in hohem Maße Gebrauch gemacht hat. Diese politischen Kontrollmöglichkeiten des EP sind durch den Vertrag über die Europäische Union erheblich verstärkt worden. Neben dem Recht auf Investitur der Kommission kann das EP nunmehr auch Untersuchungsausschüsse einsetzen, in denen Verletzungen des Gemeinschaftsrechts durch die Gemeinschaftsorgane oder durch die Mitgliedstaaten untersucht werden können, soweit und solange keine gerichtliche Klärung anhängig ist. Darüber hinaus ist das Petitionsrecht des EP vertraglich abgesichert und dem Parlament die Möglichkeit eingeräumt worden, einen Bürgerbeauftragten (Ombudsmann) zu benennen.

— **Entscheidungsfunktion:** Eine gewisse Sonderstellung kann das EP seit 1975 im Bereich des Haushaltsrechts für sich beanspruchen. Im Rahmen des Haushaltsverfahrens stellt das EP den Haushaltsplan zusammen mit dem Rat fest und kann unter bestimmten Voraussetzungen und für einen Teilbereich der Ausgaben der EG Abänderungen vornehmen, die auch gegenüber dem Rat durchsetzbar sind, d.h. bei denen das EP das letzte Wort hat. Weitere echte Mitentscheidungsrechte wurden dem EP durch die Einheitliche Europäische Akte eingeräumt, und zwar in der Form, daß Entscheidungen über den Beitritt weiterer Staaten zur EG oder über die Assoziierung dritter Staaten nur unter Zustimmung des EP zustande kommen können. Dieses Zustimmungserfordernis des EP wurde durch den Vertrag über die Europäische Union auf weitere Bereiche ausgedehnt. Dazu gehören vor allem der Beschluß über das einheitliche Wahlverfahren, die Regelungen betreffend die Strukturfonds, den

„Wie genial waren doch die Urheber des Römischen Vertrages, als sie die Kommission nicht nur mit dem Initiativrecht ausstatteten, sondern ihr auch die Funktion des Gedächtnisses übertrugen, ohne das es keine Kontinuität gibt."

Jacques Delors, *Festschrift für Emile Noël (1987),* S. 67

„Man hat nicht das Recht, europäische Fragen zu vereinfachen. Was man vereinfachen muß, sind die Lösungen."

Pierre Uri, *Libération,* 7. 6. 1989

„Der Vertrag kennt nur ein globales Gleichgewicht: Alle Opfer eines jeden werden durch alle Vorteile, die er erlangt, ausgeglichen."

Walter Hallstein, *Die Europäische Gemeinschaft,* 5. Auflage, S. 9

Abschluß internationaler Verträge sowie vor allem auch Einzelfragen im Bereich der Währungspolitik, insbesondere im Zusammenhang mit der Satzung und den Aufgaben der Europäischen Zentralbank. Auch im Bereich der Rechtsetzung der EG wurden die Befugnisse des EP im Rahmen des neu eingeführten Verfahrens der Mitentscheidung weiter gestärkt. Das EP verfügt in diesem Verfahren über ein eigenes Vetorecht und ist nicht mehr, wie noch im Rahmen des Verfahrens der Zusammenarbeit, darauf beschränkt, durch sein Veto dem Rat die Entscheidungen nur zu erschweren. Über die Drohung der Einlegung des Vetos ist es dem EP nunmehr möglich, den Rat tatsächlich vom Erlaß nicht gewünschter Regelungen abzuhalten. Die Einzelheiten dieses Verfahrens werden ebenfalls im Zusammenhang mit der Darstellung der Rechtsetzungsverfahren der EG näher erläutert.

Diese Befugniserweiterung des Parlaments gibt Anlaß zu der Erwartung, daß sich das Europäische Parlament in Zukunft auch weitere echte Entscheidungsbefugnisse erkämpfen kann; denn die Geschichte des Parlamentarismus hat gezeigt, daß auch die Parlamente des 19. Jahrhunderts ebenfalls zunächst mit Haushaltsbefugnissen ausgestattet waren, bevor sie teilweise nach zähem Ringen zum Gesetzgebungsorgan wurden.

Der Rat (Art. 145 ff. EGV)

Im Rat sind die Regierungen der Mitgliedstaaten vertreten. Alle zwölf Mitgliedstaaten entsenden einen oder mehrere Vertreter, und zwar regelmäßig, aber nicht zwingend, die für die vorgesehenen Themen zuständigen Fachminister bzw. Staatssekretäre, also etwa den Außenminister, Wirtschafts-, Finanz-, Arbeits-, Landwirtschafts-, Verkehrs- oder Bildungsminister.

Im Rat vollzieht sich der Ausgleich, die Versöhnung zwischen den Einzelinteressen der Mitgliedstaaten und dem Gemeinschaftsinteresse. Auch wenn im Rat vor allem die Interessen der Mitgliedstaaten zur Geltung gebracht werden, so sind die Ratsmitglieder doch zugleich auf die Ziele und Notwendigkeiten der EG im ganzen verpflichtet. Der Rat ist ein Gemeinschaftsorgan und eben keine Regierungskonferenz. Deshalb ist auch in den Beratungen des Rates nicht nach dem kleinsten gemeinsamen Nenner zwischen den Mitgliedstaaten zu suchen, sondern nach dem größtmöglichen zwischen der Gemeinschaft und den Mitgliedstaaten. Zur Unterstützung der Arbeit im Rat ist ein Ausschuß der Ständigen Vertreter der Regierungen der Mitgliedstaaten (Comité des représentants permanents = Coreper) eingerichtet worden, dem Beamte der Mitgliedstaaten im Botschafterrang angehören. Er hat die Aufgabe, die Entscheidungen des Rates vorzubereiten und die Aufträge des Rates auszuführen. Die Bedeutung dieses Ausschusses in der Entscheidungspraxis des Rates ist ungewöhnlich groß. So kann bereits auf dieser Ebene Einvernehmen über eine gemeinschaftsrechtliche Regelung hergestellt werden, die danach auf der nächsten Ratssitzung als sogenannter A-Punkt auf der Tagesordnung erscheint und vom Rat ohne weitere sachliche Aussprache nur noch formell angenommen wird. Nur solche Regelungen, über die auf dieser Ausschußebene keine Einigkeit erzielt werden kann, kommen als sogenannte B-Punkte auf die Ratssitzungen, wo dann die offenen Fragen und Meinungsverschiedenheiten politisch gelöst werden.

Für die beiden jüngeren Gemeinschaften ist der Rat das ranghöchste Rechtssetzungsorgan; er trifft die wichtigsten politischen Entscheidungen der EG. Für die EGKS ist er hingegen ein Zustimmungsorgan, das nur für einige wenige, besonders wichtige Entscheidungen zu befassen ist.

Für die Abstimmung im Rat gilt nach den Gemeinschaftsverträgen grundsätzlich die *Mehrheitsregel*. Nur in für die Mitgliedstaaten sensiblen Politikbereichen, wie etwa im Bereich der sozialen Sicherheit der Arbeitnehmer, der Steuern oder bei der Anwendung der Auffangkompetenz der EG aus Artikel 235 EG-Vertrag, sieht der EG-Vertrag Einstimmigkeit vor. Wo nicht ausdrücklich etwas Gegenteiliges bestimmt ist, genügt die einfache Mehrheit, wobei jeder Staat eine Stimme hat. In der Regel ist allerdings eine

„qualifizierte Mehrheit" vorgeschrieben: Dazu legen die Verträge eine Stimmengewichtung fest, damit die größeren Staaten auch einen größeren Einfluß erhalten. Danach haben Frankreich, die Bundesrepublik Deutschland, Italien und das Vereinigte Königreich je 10 Stimmen, Spanien 8 Stimmen, die Niederlande, Belgien, Griechenland und Portugal je 5, Dänemark und Irland je 3, Luxemburg 2 Stimmen. Die Bedeutung der Mehrheitsabstimmung liegt nicht so sehr darin, daß durch sie *kleine* Staaten gehindert werden, wichtige Beschlüsse zu blockieren, denn solche Mitglieder könnten in der Regel auch durch politischen Druck zur Zustimmung veranlaßt werden. Das Mehrheitsprinzip ermöglicht aber vor allem eine Überstimmung von *großen* Mitgliedstaaten, die politischem Druck widerstehen würden. Damit trägt dieses Prinzip auch zur Gleichheit der Mitgliedstaaten bei und ist daher als ein Fundamentalsatz der Gemeinschaftsverfassung anzusehen. Trotz dieser originellen und in sich ausgewogenen Regelung ist die Bedeutung der Mehrheitsregel in der Praxis lange Zeit gering geblieben. Der Grund hierfür geht auf das Jahr 1965 zurück, als Frankreich eine Beeinträchtigung wichtiger Interessen seines Landes in der Finanzierung der Gemeinsamen Agrarpolitik befürchtete und mit einer „Politik des leeren Stuhls" die Beschlußfassung im Rat für mehr als 6 Monate blockierte. Diese Auseinandersetzung wurde erst durch die „Luxemburger Vereinbarung" vom 29. Januar 1966 beigelegt, die vorsieht, daß sich der Ministerrat bei Beschlüssen, die sehr wichtige Interessen eines oder mehrerer Partner berühren, innerhalb eines angemessenen Zeitraums um Lösungen bemüht, die von allen Mitgliedern des Rates unter Wahrung ihrer gegenseitigen Interessen der Gemeinschaft angenommen werden können. Die französische Delegation legte in diesem Zusammenhang Wert

KOMMISSION DER EUROPÄISCHEN GEMEINSCHAFTEN

Präsident
6 Vizepräsidenten
17 Mitglieder

Mitglieder		Mitglieder	
1	Belgien	Irland	1
1	Dänemark	Italien	2
2	BR Deutschland	Luxemburg	1
1	Griechenland	Niederlande	1
2	Spanien	Portugal	1
2	Frankreich	Vereinigtes Königreich	2

Aufgaben

Vorschläge	Kontrolle	Verwaltung	Vertretung
zur Weiterentwicklung der Gemeinschaftspolitik	über Einhaltung und richtige Anwendung des Gemeinschaftsrechts	und Durchführung der Gemeinschaftsvorschriften	der EG in internationalen Organisationen

auf die Feststellung, daß die Erörterung in diesen Fällen so lange fortgesetzt werden müsse, bis ein „einstimmiges Einvernehmen" erzielt worden sei. Für den Fall, daß auch dies einmal nicht möglich ist, sieht auch die Luxemburger Vereinbarung keine Lösung vor, sondern erschöpft sich in der Feststellung, daß insoweit zwischen den Mitgliedstaaten weiterhin Meinungsunterschiede bestünden. Diese Vereinbarung hat zwar der Beschlußunfähigkeit des Ministerrates ein Ende gesetzt, sie bedeutete aber praktisch auch das Ende des Mehrheitsprinzips. Kriterien, anhand deren innerhalb des Ministerrates festgestellt werden könnte, ob tatsächlich sehr wichtige Interessen eines oder mehrerer Partner auf dem Spiel stehen, gibt es nicht. Diese Beurteilung wird allein dem jeweiligen Mitgliedstaat überlassen, der damit im Ergebnis für jede grundlegende Entscheidung im Ministerrat Einstimmigkeit verlangen kann. Jeder Mitgliedstaat hat damit praktisch ein „Vetorecht".

Dieser der Entscheidungsfähigkeit des Ministerrates abträgliche Zustand ist durch die Einheitliche Europäische Akte wesentlich bereinigt worden. Zwar ist es nicht gelungen, das Gebot der Einstimmigkeit vollständig zu beseitigen, jedoch konnte man sich darauf einigen, das Mehrheitsprinzip stärker als bisher zur Geltung zu bringen. Dies gilt etwa für die Maßnahmen zur Angleichung der Rechts- und Verwaltungsvorschriften der Mitgliedstaaten, die die Errichtung und das Funktionieren des Binnenmarktes zum Gegenstand haben, den wirtschaftlichen und sozialen Zusammenhalt, die Forschung und technologische Entwicklung sowie für den Umweltschutz. Ausgenommen hiervon sind dagegen Bestimmungen über die Steuern, über die Freizügigkeit der Arbeitskräfte und über die Rechte und Interessen der Arbeitnehmer, für die nach wie vor das Prinzip der Einstimmigkeit gilt.

Die Kommission (Art. 155 ff EGV)

Die Kommission besteht nach dem Beitritt Griechenlands, Portugals und Spaniens aus 17 Mitgliedern (je 2 Mitglieder kommen aus der Bundesrepublik Deutschland, Frankreich, dem Vereinigten Königreich, Italien und Spanien, die anderen Mitgliedstaaten stellen je 1 Mitglied der Kommission), die bisher von den Regierungen der Mitgliedstaaten „im gegenseitigen Einvernehmen" für eine Amtszeit von vier Jahren ernannt worden sind. In diesem Bereich ist mit der bereits angesprochenen Investitur der Kommission durch das EP, wie sie im Vertrag über die Europäische Union vorgesehen ist, eine bedeutsame Veränderung zu verzeichnen. Danach benennen die Regierungen der Mitgliedstaaten nach Anhörung des EP diejenige Persönlichkeit, die sie zum Kommissionspräsidenten zu ernennen beabsichtigen. In Abstimmung mit dem designierten Präsidenten benennen die Regierungen der Mitgliedstaaten danach die übrigen Mitglieder der Kommission. Präsident und Mitglieder der Kommission haben sich dann als Kollegium einem Abstimmungsvotum des EP zu stellen. Nach Zustimmung des EP werden der Präsident und die übrigen Mitglieder der Kommission von den Regierungen der Mitgliedstaaten im gegenseitigen Einvernehmen auf fünf Jahre ernannt. Die Verlängerung der Amtszeit der Kommissionsmitglieder trägt dem Umstand Rechnung, daß auch das EP für fünf Jahre gewählt wird.

Die Funktionen der Kommission lassen sich wie folgt einteilen:

— Die Kommission ist zunächst der *Motor der Gemeinschaftspolitik.* Bei ihr beginnt jede Gemeinschaftsaktion, denn sie ist es, die dem Rat Vorschläge und Entwürfe für eine Gemeinschaftsregelung zu unterbreiten hat (sog. Initiativrecht der Kommission). Dabei stehen die Aktivitäten der Kommission nicht in ihrem Belieben, sondern sie ist verpflichtet tätig zu werden, wenn das Gemeinschaftsinteresse es gebietet; auch haben der Rat und nach dem Vertrag über die Europäische Union auch das EP die Möglichkeit, die Kommission aufzufordern, einen Vorschlag auszuarbeiten.

Nach dem EGKS-Vertrag liegt dagegen auch die Befugnis zum Erlaß der Rechtsakte bei der Kommission. Dem Rat wird hier aber für bestimmte Fälle ein Zustimmungsrecht eingeräumt, das ihm die Möglichkeit eröffnet, Rechtsakte der Kommission zu Fall zu bringen.

— Die Kommission ist ferner die *Hüterin der Gemeinschaftsverträge*. Sie wacht über die Anwendung der Vertragsbestimmungen sowie der von den Gemeinschaftsorganen erlassenen Rechtsakte. Bei jeder Verfehlung obliegt es der Kommission als unparteiischem Gremium einzuschreiten und notfalls den Gerichtshof zu befassen. Diese Rolle hat die Kommission bisher sehr erfolgreich ausgeübt.

— Eng mit der Hüterrolle ist die Aufgabe verbunden, als *Vertreterin der Gemeinschaftsinteressen* aufzutreten. Die Kommission darf grundsätzlich keine anderen Interessen als die der Gemeinschaft verfolgen. Sie muß sich stetig darum bemühen, bei den häufig schwierigen Verhandlungen im Rat das Gemeinschaftsinteresse zur Geltung zu bringen und Kompromisse zu finden, die diesem Interesse Rechnung tragen. Dabei fällt ihr gleichzeitig die Rolle eines Vermittlers zwischen den Mitgliedstaaten zu, zu der sie kraft ihrer Neutralität in besonderem Maße geeignet und berufen ist.

— Schließlich ist die Kommission — wenn auch in begrenztem Umfang — *Exekutivorgan*. Klassische Beispiele dafür sind die Durchführung des Haushalts der EG, das Wettbewerbsrecht und die Verwaltung der in den Verträgen und im abgeleiteten Recht vorgesehenen Schutzklauseln. Eine Schlüssel stellung hat die Kommission in ihrer Funktion als Exekutive im Rahmen der Errichtung der Wirtschafts- und Währungsunion erhalten, indem ihr die Verantwortung für die Überwachung und Steuerung der Konvergenzpolitik als Vorbereitung der dritten Stufe der Währungsunion, die Mitarbeit im Bankrat sowie die Mitvertretung und Mitverantwortung der Gemeinschaft in der internationalen Währungspolitik übertragen worden ist. Wesentlich umfangreicher als diese „originären" Exekutivbefugnisse sind die vom Rat auf die Kommission übertragenen „abgeleiteten" Befugnisse. Dabei geht es im wesentlichen darum, die zur Durchführung von Ratsentscheidungen notwendigen Detailregelungen zu erlassen. In der Regel jedoch sind es die Mitgliedstaaten selbst, die für die Ausführung der Gemeinschaftsregelungen im Einzelfall zu sorgen haben. Diese von den Verträgen gewählte Lösung hat den Vorteil, daß den Bürgern die ihnen immer noch „fremde" Wirklichkeit der europäischen Ordnung unter der Autorität und im vertrauten Gewande der nationalen Ordnung nahegebracht wird.

Der Gerichtshof (Art. 164 ff. EGV)

Jede Ordnung kann nur von dauerhaftem Bestand sein, wenn ihre Regeln von einer unabhängigen Gewalt überwacht werden. Hinzu kommt bei einer Gemeinschaft von Staaten, daß die gemeinsamen Regeln — werden sie der Kontrolle der nationalen Gerichte überantwortet — von Staat zu Staat unterschiedlich ausgelegt und angewendet werden. Die einheitliche Anwendung des Gemeinschaftsrechts in allen Mitgliedstaaten wäre auf diese Weise in Frage gestellt. Diese Gründe führten bereits bei der Gründung der EGKS zur Einsetzung eines Gerichtshofs der EG (EuGH).

Seit dem Beitritt Griechenlands, Spaniens und Portugals zur EG besteht der EuGH aus 13 Richtern, die von den Regierungen der Mitgliedstaaten im gegenseitigen Einvernehmen für eine Amtszeit von sechs Jahren ernannt werden. Eine Wiederwahl ist möglich. Als Qualifikation wird die Gewähr für Unabhängigkeit und Erfüllung der für die höchsten richterlichen Ämter in dem jeweiligen Mitgliedstaat erforderlichen Voraussetzungen oder eine anerkannt hervorragende Befähigung als Jurist verlangt. Unterstützt wird der Gerichtshof bei der Rechtsfindung von sechs Generalanwälten, deren Berufung der der Richter entspricht und die die richterliche Unabhängigkeit genießen. In ihren Schlußanträgen erstellen die Generalanwälte ein ausführliches Rechtsgutachten über die in dem jeweiligen Verfahren aufgeworfenen Rechtsfragen und unterbreiten dem

EuGH einen konkreten Entscheidungsvorschlag.

Der EuGH hat die Aufgabe, die Wahrung des Rechts bei der Auslegung und Anwendung der Gründungsverträge der EG sowie der von den Gemeinschaftsorganen erlassenen Rechtsvorschriften zu sichern. Im Rahmen dieser Aufgabenzuweisung nimmt der EuGH Funktionen wahr, die in den Rechtsordnungen der Mitgliedstaaten auf verschiedene Gerichtszweige verteilt sind: So entscheidet der EuGH als *Verfassungsgericht* bei Streitigkeiten zwischen den Gemeinschaftsorganen und der Kontrolle der Rechtmäßigkeit der Gemeinschaftsgesetzgebung, als *Verwaltungsgericht* bei der Überprüfung der von der Kommission oder indirekt von den Behörden der Mitgliedstaaten (auf der Grundlage von Gemeinschaftsrecht) gesetzten Verwaltungsakte, als *Arbeits- und Sozialgericht* bei Fragen betreffend die Freizügigkeit und soziale Sicherheit der Arbeitnehmer sowie der Gleichbehandlung von Mann und Frau im Arbeitsleben, als *Strafgericht* bei der Kontrolle der durch die Kommission verhängten Bußgelder sowie als *Zivilgericht* bei Schadensersatzklagen und bei der Auslegung der Brüsseler Konvention über die Anerkennung und die Vollstreckung gerichtlicher Entscheidungen in Zivil- und Handelssachen.

Der EuGH hat seine Aufgabe von Beginn an nicht nur im Sinne einer rein rechtsprechenden, sondern auch im Sinne einer rechtsschöpferischen Tätigkeit wahrgenommen. So ist es sein Verdienst, die tragenden Grundsätze der Gemeinschaftsrechtsordnung herausgearbeitet und den Integrationsbemü-

DER GERICHTSHOF DER EG

13 Richter
und
6 Generalanwälte,
einvernehmlich
auf 6 Jahre
von den Regierungen
der Mitgliedstaaten
ernannt

GERICHTSHOF
Vollbesetzung:
13 Richter
2 Kammern mit 5 Richtern
4 Kammern mit 3 Richtern

VERFAHRENSARTEN

— Vertragsverletzungsverfahren (Kommission gegen Mitgliedstaat oder Mitgliedstaat gegen einen anderen Mitgliedstaat)

— Nichtigkeitsklage (gegen Rat oder Kommission)

— Untätigkeitsklage (gegen Rat oder Kommission)

— Schadenersatzklage gegen die Gemeinschaft

— Vorlageverfahren von Gerichten der Mitgliedstaaten zur Klärung der Auslegung und Gültigkeit von Gemeinschaftsrecht

— Gutachten

DAS GERICHT
ERSTER INSTANZ
12 Richter

Direkte Klagen natürlicher und juristischer Personen mit Ausnahme des Antidumpingrechts

Beamtenklagen

Klagen aus dem Kohle- und Stahlbereich

Akzessorische Schadenersatzklage

hungen damit ein sicheres Fundament gegeben zu haben. Der EuGH wird deshalb mit Recht als „Integrationsfaktor erster Ordnung" bezeichnet. Bei seiner Entscheidungsfindung knüpft der EuGH zwar im wesentlichen an die aus dem innerstaatlichen Bereich bekannten Auslegungsregeln an, diese werden jedoch in der Rechtsprechungspraxis des EuGH entsprechend den Besonderheiten der Gemeinschaftsrechtsordnung gewichtet und zu gemeinschaftsspezifischen Auslegungsmethoden ausgebildet. Die wörtliche Auslegung, die allgemein als erster Auslegungsgrundsatz herangezogen wird, stößt im Gemeinschaftsrecht auf Grenzen. Die Wortlaut der gemeinschaftsrechtlichen Bestimmungen liefert dem EuGH in der Regel keine sicheren Vorgaben, da dieser aufgrund des schwierigen Entscheidungsverfahrens in der EG und dem damit verbundenen Hang zu Formelkompromissen sowie im Hinblick auf die Verbindlichkeit der Texte in den neun Amtssprachen der EG häufig unklar und damit selbst interpretationsbedürftig ist. Als notwendige Ergänzung und unerläßliches Korrektiv der Wortlautinterpretation greift der EuGH deshalb regelmäßig auf die nach dem Sinn und Zweck fragende Auslegung zurück. Dabei ist er unter Heranziehung allgemeiner Vertragsgrundsätze um die Herausarbeitung des objektiven Sinns einer Regelung bemüht. Als Leitmotive dieser Auslegung sind vor allem die Grundsätze der Gleichheit (Verbot aller offenen wie versteckten Diskriminierungen), der Freiheit (Wirtschafts-, Personen-, Dienstleistungs- und Kapitalverkehrsfreiheit), der Solidarität (der Mitgliedstaaten untereinander) sowie der Einheit (Rechts- und Wirtschaftseinheit) zu nennen.

Mit der Einheitlichen Europäischen Akte wurde die Möglichkeit geschaffen, dem Gerichtshof durch einstimmigen Beschluß des Rates ein *Gericht erster Instanz* beizuordnen, das für Entscheidungen über ganz bestimmte Gruppen von Klagen zuständig ist. Von dieser Möglichkeit hat der Rat Gebrauch gemacht und unter dem Datum vom 24. Oktober 1988 einen solchen Beschluß zur Errichtung eines Gerichts erster Instanz gefaßt. Das Gericht besteht aus 12 Mitgliedern, die nach Maßgabe der Verfahrensordnung gleichzeitig dazu bestellt werden können, die Tätigkeit eines Generalanwalts auszuüben. Der Sache nach befaßt sich das Gericht erster Instanz mit Klagen aus dem Beamtenrecht, mit Klagen aus dem Wettbewerbsrecht, mit Rechtsstreitigkeiten des Kohle- und Stahlbereichs sowie aufgrund eines Ratsbeschlusses mit Wirkung vom 1. August 1993 mit allen direkten Klagen von Gemeinschaftsbürgern und Unternehmen gegen ein Gemeinschaftsorgan, mit Ausnahme der Klagen aus dem Antidumpingrecht.

Die einzelnen Verfahrensarten werden im Zusammenhang mit dem Rechtsschutzsystem der Gemeinschaft näher erläutert.

Erst in den Entscheidungen des Gerichtshofes lebt das Gemeinschaftsrecht. Denn durch seine Entscheidungen wird ein Gefühl der Richtigkeit des europäischen Rechts vermittelt und ihm damit die notwendige Autorität der bei Regierungen, Behörden, Parlamenten und Bürgern verschafft.

Der Europäische Rechnungshof (Art. 188 a-c EGV)

Der Europäische Rechnungshof wurde am 22. Juli 1975 eingerichtet und nahm seine Arbeit im Oktober 1977 in Luxemburg auf. Er besteht — entsprechend der gegenwärtigen Anzahl der Mitgliedstaaten — aus zwölf Mitgliedern, die vom Rat nach Anhörung des Europäischen Parlaments auf sechs Jahre ernannt werden. Der Rechnungshof hat die Aufgabe, die Rechtmäßigkeit und Ordnungsgemäßheit der Einnahmen und Ausgaben der EG zu prüfen, und er überzeugt sich auch von der Wirtschaftlichkeit der Haushaltsführung. Im Gegensatz zu einigen nationalen Rechnungshöfen der Mitgliedstaaten verfügt der Europäische Rechnungshof nicht über gerichtliche Kompetenzen zur zwangsweisen Durchsetzung seiner Kontrollbefugnisse oder zur Ahndung von Rechtsverstößen, die durch seine Kontrolltätigkeit aufgedeckt worden sind. Andererseits ist er in der Wahl des Prüfungsgegenstandes und der Prüfungsmethode autonom. Auch Privatpersonen können so seiner Prüfung unterworfen werden, wie zum Beispiel die gemeinschaftsrechtskonforme Verwendung einer aus Gemeinschaftsmitteln gezahlten Subvention beim privaten Empfänger. Die eigentliche Waffe des Europäischen Rechnungshofes ist die Öffentlichkeitswirkung. Die Ergebnisse seiner Kontrolltätigkeit werden nach Abschluß eines jeden Haushaltsjahres in einem Jahresbericht zusammengestellt, der im *Amtsblatt der EG* veröffentlicht und auf diese Weise der europäischen Öffentlichkeit zugänglich gemacht wird. Darüber hinaus kann er jederzeit in Sonderberichten zu bestimmten Gegenständen Stellung nehmen, die ebenfalls im *Amtsblatt der EG* veröffentlicht werden.

Hilfsorgane

Zu den genannten Verfassungsorganen treten Hilfsorgane. Das wichtigste, weil mit allgemeiner Zuständigkeit bedacht, ist der *Wirtschafts- und Sozialausschuß* (Art. 193 ff. EGV). Der Wirtschafts- und Sozialausschuß ist ein wirtschaftliches Beratungsorgan von Rat und Kommission, in dem die verschiedenen Gruppen des wirtschaftlichen und sozialen Lebens wie Erzeuger, Landwirte, Verkehrsunternehmer, Arbeitnehmer, Kaufleute, Handwerker und Freiberufstätige vertreten sind. Aufgrund seiner Zusammensetzung und seines politischen wie sachgebundenen Auftrags hat er einen bedeutenden Einfluß im Entscheidungsprozeß der Gemeinschaft; mit seinen Stellungnahmen leistet er nicht nur vorzügliche Hilfe bei der Gestaltung der gemeinschaftlichen Politiken, sondern verbindet auch die einzelnen Berufszweige, die schließlich von den praktischen Auswirkungen der Gemeinschaftsmaßnahmen unmittelbar betroffen sind, mit der europäischen Wirklichkeit.

Als neues Konsultativorgan ist durch den Vertrag über die Europäische Union neben dem bereits bestehenden Wirtschafts- und Sozialausschuß der *„Ausschuß der Regionen"* geschaffen worden (Art. 198 a EGV). Dieser Ausschuß ist ebensowenig wie der Wirtschafts- und Sozialausschuß ein Organ der EG im eigentlichen Sinne, da er nur beratende Aufgaben wahrnimmt, nicht aber — wie die Gemeinschaftsorgane (EP, Rat, Kommission, EuGH) — die der Gemeinschaft zugewiesenen Aufgaben in rechtlich verbindlicher Weise wahrnimmt. Der Ausschuß der Regionen setzt sich aus Repräsentanten der regionalen und lokalen Autoritäten der Mitgliedstaaten zusammen, die entsprechend der Gewichtung der Mitgliedstaaten vom Rat ernannt werden. Seine Anhörung durch Rat oder Kommission ist in sieben Fällen verbindlich vorgeschrieben, und zwar in den Bereichen Bildung, kulturelle Förderungsmaßnahmen, öffentliche Gesundheit, Entgegennahme des Berichts über die Fortschritte in der Kohäsionspolitik, Grundregeln aller Strukturfonds sowie der Durchführungsbestimmungen des Regionalfonds.

Als Finanzierungsinstitut für eine „ausgewogene und reibungslose Entwicklung" der EG steht der Gemeinschaft die *Europäische Investitionsbank* zur Verfügung (Art. 198 d und e EGV*). Sie soll in allen Wirtschaftszweigen Darlehen und Bürgschaften gewähren zur Erschließung unterentwickelter Gebiete, zur Modernisierung oder Umstellung von Unternehmen oder zur Schaffung neuer Arbeitsplätze, ferner für Vorhaben, die im gemeinsamen Interesse mehrerer Mitgliedstaaten liegen.

* Früher 129 und 130 EWGV.

DIE GEMEINSCHAFT ALS PHÄNOMEN DES RECHTS

Die soeben beschriebene Verfassung der Europäischen Gemeinschaft, insbesondere ihre Grundwerte, können nur durch gemeinschaftliches Recht mit Leben erfüllt und verwirklicht werden. Deshalb ist die Gemeinschaft auch in zweifacher Hinsicht ein Phänomen des Rechts: Sie ist eine Schöpfung des Rechts und sie ist Rechtsordnung.

■ DIE GEMEINSCHAFT IST EINE SCHÖPFUNG DES RECHTS

Das ist das entscheidend Neue, was sie gegenüber früheren Versuchen auszeichnet, Europa zu einigen. Nicht Gewalt oder Unterwerfung sind als Mittel eingesetzt, sondern die Kraft des Rechts. Das Recht soll schaffen, was Blut und Eisen in Jahrhunderten nicht vermochten. Denn nur eine auf freier Entscheidung beruhende Einheit hat Aussicht auf Bestand. Eine Einheit, die sich auf die fundamentalen Wertvorstellungen wie Freiheit und Gleichheit gründet und durch das Recht bewahrt und verwirklicht wird. Auf dieser Einsicht beruhen die Gründungsverträge als Schöpfungsakte der Europäischen Gemeinschaft.

RECHTSQUELLEN DES GEMEINSCHAFTSRECHTS

Vertragsrecht

Primäres Gemeinschaftsrecht
(Gründungsverträge nebst
Anhängen und Protokollen,
Änderungen der Verträge,
Beitrittsverträge)

Allgemeine Rechtsgrundsätze, Gewohnheitsrecht

Völkerrechtsabkommen der EG

Sekundäres Gemeinschaftsrecht

— Verordnungen und Durchführungsverordnungen
— Richtlinien / EGKS-Empfehlungen
— allgemeine und individuelle Entscheidungen

Übereinkommen zwischen den Mitgliedstaaten

— Beschlüsse der im Rat vereinigten Vertreter der Regierungen der Mitgliedstaaten

— Übereinkommen europäischen Charakters

■ DIE GEMEINSCHAFT IST RECHTSORDNUNG

Die Gemeinschaft ist schließlich nicht nur eine Schöpfung des Rechts, sondern verfolgt ihre Ziele auch allein mit den Mitteln des Rechts; kurz: sie ist eine Gemeinschaft durch das Recht. Nicht die Stärke der Macht regelt das wirtschaftliche und das soziale Zusammenleben der Völker der Mitgliedstaaten, sondern das Recht der Gemeinschaft. Dieses Gemeinschaftsrecht, das in seiner Gesamtheit die Rechtsordnung bildet, wird aus verschiedenen Quellen gespeist. Es ist die Basis des institutionellen Systems. Das Gemeinschaftsrecht legt die Verfahren für die Beschlußfassung der Gemeinschaftsorgane fest und regelt deren Verhältnis untereinander. Es stellt den Organen in den Verordnungen, allgemeinen EGKS-Entscheidungen, Richtlinien, EGKS-Empfehlungen und individuellen Entscheidungen Handlungsmöglichkeiten zur Verfügung, in denen Rechtsakte mit verbindlicher Wirkung für die Mitgliedstaaten und für ihre Bürger erlassen werden können. Damit wird auch der einzelne zum Träger der Gemeinschaft. Ihre Rechtsordnung beeinflußt sein tägliches Leben in immer stärker werdendem Maße unmittelbar. Sie verleiht ihm Rechte und erlegt ihm Pflichten auf, so daß er als Staatsbürger und als Angehöriger der Gemeinschaft Rechtsordnungen verschiedener Abstufung unterworfen ist, so wie das aus den bundesstaatlichen Verfassungen bekannt ist. Das Gemeinschaftsrecht bestimmt auch das Verhältnis zwischen der Gemeinschaft und den Mitgliedstaaten. Die Mitgliedstaaten müssen alle geeigneten Maßnahmen treffen, um die Pflichten zu erfüllen, die sich aus den Verträgen oder aus Handlungen der Gemeinschaftsorgane ergeben. Ihnen obliegt es, das Wirken der Gemeinschaft zu erleichtern und alles zu unterlassen, was die Verwirklichung der Vertragsziele gefährden könnte.

Daneben beherrschen zwei fundamentale Grundsätze die Gemeinschaftsrechtsordnung: die Rechtmäßigkeit des Handelns der Gemeinschaftsorgane und der Rechtsschutz der den Gemeinschaftsnormen Unterworfenen.

■ DIE RECHTSQUELLEN DES GEMEINSCHAFTSRECHTS

Die Gründungsverträge als primäres Gemeinschaftsrecht

An erster Stelle sind die drei Gründungsverträge einschließlich der ihnen beigefügten Anhänge, Anlagen und Protokolle sowie deren spätere Ergänzungen und Änderungen zu nennen, also die Schöpfungsakte der EG, die wir bereits als die Grundlagen der Verfassung der EG kennengelernt haben. Die Gründungsverträge sowie die dazu ergangenen Ergänzungen und Änderungen in Gestalt vor allem der Einheitlichen Europäischen Akte und des Vertrages über die Europäische Union enthalten die grundlegenden Rechtssätze über die Zielsetzungen, über die Organisation und über die Funktionsweise der EG sowie Teile des Wirtschaftsrechts. Sie geben damit die verfassungsrechtlichen Rahmenbedingungen der EG vor, die von den dazu eigens mit legislativen und administrativen Befugnissen ausgestatteten Gemeinschaftsorganen im Gemeinschaftsinteresse auszufüllen sind. Als unmittelbar von den Mitgliedstaaten selbst geschaffenes Recht werden diese Rechtssätze im juristischen Sprachgebrauch als primäres Gemeinschaftsrecht bezeichnet.

Die gemeinschaftlichen Rechtsakte als sekundäres Gemeinschaftsrecht

Das in Ausübung dieser Befugnisse von den Gemeinschaftsorganen aufgrund der Verträge geschaffene Recht nennt man *sekundäres Gemeinschaftsrecht*, die zweite wichtige Rechtsquelle der Gemeinschaft. Es geht aus einem *System von gemeinschaftlichen Rechtsakten* hervor, das bei der Gründung der EG neu zu „erfinden" war. Dabei stellte sich vor allem die Frage, welcher Art die gemeinschaftlichen Rechtsakte sein und welche Wirkung sie haben sollten. Hierbei war zu bedenken, daß die Organe einerseits imstande sein sollten, in wirksamer Weise, d. h. ohne auf den guten Willen der Mitgliedstaaten angewiesen zu sein, die unterschiedlichen und ungleichen wirtschaftlichen, sozialen und nicht zuletzt ökologischen Bedingungen in den Mitgliedstaaten auszugleichen, damit *allen* Bürgern der Gemeinschaft die bestmöglichen Lebensbedingungen geschaffen werden konnten; andererseits sollte aber in die nationalen Rechtsordnungen nicht mehr eingegriffen werden als nötig. Das gesamte Rechtsetzungssystem der EG ist daher von dem Grundsatz geprägt, daß dort, wo eine auch in den Einzelheiten für alle Mitgliedstaaten gemeinsame Regelung erforderlich ist, die Ersetzung nationaler Regelungen durch Gemeinschaftsakte erfolgen muß, daß aber dort, wo diese Notwendigkeit nicht besteht, auf die bestehenden Rechtsordnungen der Mitgliedstaaten gebührend Rücksicht genommen werden sollte.

Das Handlungsinstrumentarium der EG

Vor diesem Hintergrund wurde ein Handlungsinstrumentarium entwickelt, das den Gemeinschaftsorganen die Einwirkung auf die nationalen Rechtsordnungen in unter-

EGKSV	EGV	EAGV
Art. 14:	Art. 189:	Art. 161:
• Allgemeine Entscheidungen	• Verordnungen	• Verordnungen
• Empfehlungen	• Richtlinien	• Richtlinien
• (individuelle) Entscheidungen	• Entscheidungen	• Entscheidungen
—	• Empfehlungen	• Empfehlungen
• Stellungnahmen	• Stellungnahmen	• Stellungnahmen

schiedlichem Ausmaß ermöglicht. Die schärfste Form ist dabei die Verdrängung nationaler Regelungen durch Gemeinschaftsnormen. Es folgen die Gemeinschaftsnormen, mit denen die Gemeinschaftsorgane nur indirekt auf die Rechtsordnungen der Mitgliedstaaten einwirken. Weiterhin besteht die Möglichkeit, zur Regelung eines konkreten Einzelfalls Maßnahmen gegenüber einem namentlich bezeichneten oder bestimmbaren Adressaten zu treffen. Schließlich sind auch solche Rechtshandlungen vorgesehen, die keine verbindlichen Anordnungen gegenüber den Mitgliedstaaten oder den Gemeinschaftsbürgern enthalten. Diese Grundformen von Rechtshandlungen finden sich in allen drei Gemeinschaftsverträgen. Allerdings bestehen Unterschiede in der konkreten Ausgestaltung und der Bezeichnung der einzelnen Rechtsakte zwischen dem EGKS-Vertrag einerseits und den EG- und EAG-Verträgen andererseits. Während der EGKS-Vertrag nur ein *Terzett* von Rechtshandlungen bereitstellt — Entscheidung, Empfehlung und Stellungnahme (Art. 14 EGKSV) —, haben der EG- und EAG-Vertrag ein *Quintett* von Rechtshandlungen geschaffen — Verordnung, Richtlinie, Entscheidung, Empfehlung und Stellungnahme (Art. 189 EGV, Art. 161 EAGV). Dies geschah aus der Erkenntnis heraus, daß die bereits für die Montanunion entwickelten Handlungsformen nicht ausreichen würden, um den Erfordernissen der EWG und EAG in dem notwendigen Maße Rechnung zu tragen. Gleichzeitig wollte man mit der Einführung neuer Bezeichnungen die Unzulänglichkeiten der begrifflichen Fassung der Rechtshandlungen im EGKS-Vertrag vermeiden. Die damit verbundene begriffliche Verschiedenheit wurde bewußt in Kauf genommen und sollte bei der für später in Aussicht genommenen Verschmelzung der drei Gemeinschaften beseitigt werden.

Betrachtet man die Rechtshandlungen der EG jedoch unter dem Gesichtspunkt, an wen sich die Rechtshandlungen richten und welche Wirkungen sie in den Mitgliedstaaten entfalten, ergibt das Rechtsetzungssystem der Europäischen Verträge folgendes Bild:

Verordnungen und allgemeine EGKS-Entscheidungen: die „Gemeinschaftsgesetze"

Die Rechtsakte, mit denen die Gemeinschaftsorgane am tiefsten in die nationalen Rechtsordnungen eingreifen können, sind im EWG- und EAG-Vertrag jeweils die *Verordnungen* und im EGKS-Vertrag die *allgemeine Entscheidung*. Zwei im internationalen Recht durchaus ungewöhnliche Eigenschaften zeichnen sie aus: 1. Ihr *Gemeinschaftscharakter*, das ist ihre Eigenart, ohne Rücksicht auf Staatsgrenzen in der ganzen Gemeinschaft gleiches Recht zu setzen und in allen Mitgliedstaaten einheitlich und vollständig zu gelten. So ist es den Mitgliedstaaten etwa verwehrt, die Bestimmungen einer Verordnung unvollständig anzuwenden oder unter ihnen eine Auswahl zu treffen, um auf diese Weise Regelungen, denen sich ein Mitgliedstaat im Beschlußverfahren bereits widersetzt hat oder die gewissen nationalen Interessen zuwiderlaufen, auszuschalten. Auch ist es dem Mitgliedstaat nicht möglich, sich der Verbindlichkeit der Verordnungsbestimmungen unter Hinweis auf Regelungen und Übungen des innerstaatlichen Rechts zu entziehen. 2. Ihre *unmittelbare Anwendbarkeit,* womit zum Ausdruck gebracht wird, daß Verordnungsbestimmungen ohne einen besonderen staatlichen Anwendungsbefehl gleiches Recht setzen und den Gemeinschaftsbürgern unmittelbare Rechte verleihen oder Pflichten auferlegen. Die Mitgliedstaaten, ihre Organe und ihre Behörden sind unmittelbar an das Gemeinschaftsrecht gebunden und haben es ebenso zu beachten wie nationales Recht. Trotz aller Ähnlichkeiten mit den Gesetzen des nationalen Rechts können diese Rechtsakte aber nicht als „Europäische Gesetze" bezeichnet werden, da sie nicht vom Europäischen Parlament erlassen werden und ihnen damit — zumindest formell gesehen — das Wesensmerkmal eines Gesetzes fehlt.

Die Funktion und Wirkungsweise der Verordnung und allgemeinen EGKS-Entscheidung sollen die beiden folgenden Anwendungsfälle deutlich machen. Für die *Verordnung* soll dies der Bereich veranschaulichen, der schon immer überwiegend durch Verordnungen geregelt wird: die *Landwirtschaft.* Der Gemeinsame Markt umfaßt — wie wir gesehen haben — auch die Landwirtschaft und den Handel mit landwirtschaftlichen Erzeugnissen (Art. 38 Abs. 1 EGV). Da sich beim gemeinsamen Agrarmarkt der EG

der Warenaustausch nicht mehr innerhalb eines bestimmten Landes, in dem die gleichen Regeln gelten, vollzieht, sondern zwischen Käufern und Verkäufern verschiedener Länder, kann er nur dann einwandfrei funktionieren, wenn auf dem gesamten Gebiet der Gemeinschaft gemeinsame Regeln angewendet werden. Dies erfordert ein gemeinsames Management, das zentral von der Gemeinschaft besorgt wird und das in der Lage ist, eben diese für das Funktionieren des Marktes notwendigen Maßnahmen zu treffen, die in allen Mitgliedstaaten der EG unmittelbar gelten. Dies aber schafft und bewirkt nur die Verordnung. Für die Funktion und Wirkungsweise der *allgemeinen EGKS-Entscheidung* liefert das Eingreifen der Kommission in den *Gemeinsamen Stahlmarkt* der EG ein anschauliches Beispiel. Die seit 1975 schwelende Krise der europäischen Eisen- und Stahlindustrie hatte sich im Jahre 1980 zur schwersten Krise der Nachkriegszeit ausgeweitet. Sowohl auf dem Markt der EG als auch auf dem Weltmarkt ist es zu einem Einbruch bei der Nachfrage nach Stahl gekommen, der bei steigenden Produktionskosten zu einem erheblichen Preisverfall in der EG geführt hat. Dadurch hat sich die Finanzlage der europäischen Stahlunternehmen derart verschlechtert, daß dauerhafte Schäden in der Stahlindustrie zu befürchten waren. Damit war gleichzeitig die Verwirklichung der in Artikel 3 des EGKS-Vertrags genannten Ziele, insbesondere die Verbesserung der Lebens- und Arbeitsbedingungen der Arbeiter sowie die Ordnung des Gemeinsamen Marktes, aufs äußerste gefährdet. Diese bedrohliche Situation erforderte einen unmittelbaren und für alle Stahlunternehmen verbindlichen Eingriff in die Stahlproduktion, um das Gleichgewicht zwischen Angebot und Nachfrage auf dem Stahlmarkt wiederherzustellen. Das dafür allein geeignete Instrument ist die allgemeine EGKS-Entscheidung, da nur sie sicherstellt, daß die notwendigen Maßnahmen in allen Mitgliedstaaten und für alle Stahlunternehmen gleichermaßen verbindlich sind und zur Anwendung kommen.

Richtlinien und EGKS-Empfehlungen

Die Richtlinie, die im EGKS-Vertrag unter der Bezeichnung Empfehlung erscheint, ist neben der Verordnung das wichtigste Handlungsinstrument der EG. Sie versucht, die Verbindung herzustellen zwischen dem Streben nach der notwendigen Einheitlichkeit des Gemeinschaftsrechts einerseits und der Wahrung der Vielfalt nationaler Eigenarten andererseits. Vorrangiges Ziel der Richtlinie ist deshalb nicht — wie bei der Verordnung — die Rechtsvereinheitlichung, sondern die Rechtsangleichung. Mit Hilfe der Rechtsangleichung sollen Widersprüche zwischen den nationalen Rechts- und Verwaltungsvorschriften beseitigt oder Unterschiede schrittweise abgebaut werden, damit in den Mitgliedstaaten materiell möglichst gleiche Bedingungen gelten. Die Richtlinie erweist sich damit als eines der grundlegenden Instrumente bei der Verwirklichung des Binnenmarktes.

Die Richtlinie ist für die Mitgliedstaaten nur hinsichtlich des zu erreichenden Ziels verbindlich, überläßt ihnen aber die Wahl der Form und der Mittel, um die gemeinschaftlich festgelegten Ziele im Rahmen der innerstaatlichen Rechtsordnung zu verwirklichen. Diese Einbindung der Mitgliedstaaten spiegelt die Absicht wider, den Eingriffen in das innerstaatliche Rechts- und Verwaltungsgefüge eine mildere Form zu geben. So wird den Mitgliedstaaten ermöglicht, bei der Verwirklichung der gemeinschaftsrechtlichen Zielvorgaben nationalen Besonderheiten Rechnung zu tragen. Dies geschieht in der Weise, daß die Regelungen einer Richtlinie nicht automatisch an die Stelle der nationalen Rechtsvorschriften treten, sondern die Mitgliedstaaten werden verpflichtet, ihre nationales Recht an die Gemeinschaftsbestimmungen anzupassen. Dies bedingt in aller Regel ein zweistufiges Verfahren der Rechtsetzung: Auf der ersten *gemeinschaftsrechtlichen Stufe* wird das durch die Richtlinie angestrebte Ergebnis für die jeweiligen Adressaten, d. h. einen einzelnen, mehrere oder alle Mitgliedstaaten, verbindlich festgelegt, das von diesen innerhalb einer festgesetzten Frist verwirklicht werden muß. Die Gemeinschaftsorgane können dieses Ergebnis durch derart detaillierte Regelungen vorbestimmen, daß den Mitgliedstaaten kein Spielraum für eine eigene sachliche Gestaltung verbleibt. Von dieser Möglichkeit wird vor allem im Bereich der technischen Normen sowie im Umweltschutz Gebrauch gemacht. Auf der zweiten, *nationalen Stufe* erfolgt die inhaltliche Verwirklichung des gemeinschaftsrechtlich vorgeschriebenen Ergebnisses im Recht der Mitgliedstaaten. Auch wenn die Mitgliedstaaten bei der Wahl der Form und der Mittel der Umsetzung grundsätzlich frei sind, erfolgt die Beurteilung, ob die jeweiligen Regelungen auch gemeinschaftsrechtskonform umgesetzt worden sind, nach gemeinschaftsrechtlichen Kriterien. Als Grundsatz gilt, daß durch die Umsetzung ein Rechtszustand geschaffen werden muß, der die Rechte und Pflichten aus den Vorschriften einer Richtlinie hinreichend klar und bestimmt erkennen läßt und so dem Gemeinschaftsbürger die Möglichkeit gibt, sie vor den nationalen Gerichten geltend zu machen oder sich gegen sie zur Wehr zu setzen. Dazu bedarf es in aller Regel des Erlasses verbindlicher nationaler Rechtsakte oder aber der Aufhebung oder Abänderung bestehender Rechts- und Verwaltungsvorschriften.

Abgesehen von dem Fall, daß eine EGKS-Empfehlung unmittelbar an ein Unternehmen der EG gerichtet wird, begründen regelmäßig weder die Richtlinie noch die an die Mitgliedstaaten gerichtete EGKS-Empfehlung unmittelbare Rechte und Pflichten für und gegen die Gemeinschaftsbürger; sie wenden sich ausdrücklich nur an die Mitgliedstaaten. Die Gemeinschaftsbürger werden dagegen erst durch die Ausführung der Richtlinie oder EGKS-Empfehlung durch die zuständigen Stellen der Mitgliedstaaten berechtigt oder verpflichtet. Die ist für die Gemeinschaftsbürger so lange ohne Bedeutung, wie die Mitgliedstaaten ihren Verpflichtungen aus den Gemeinschaftsrechtsakten nachkommen. Nachteile ergeben sich für die Gemeinschaftsbürger allerdings dann, wenn die Verwirklichung des in der Richtlinie oder EGKS-Empfehlung vorgesehenen Ziels für sie vorteilhaft wäre, die notwendigen staatlichen Ausführungsakte jedoch entweder gar nicht oder nur fehlerhaft erlassen werden. Um diese Nachteile weitgehend auszuschließen, hat der EuGH in ständiger Rechtsprechung entschieden, daß sich die Gemeinschaftsbürger unter bestimmten Voraussetzungen unmittelbar auf die Bestimmungen der Richtlinie berufen und die ihnen danach zustehenden Rechte in Anspruch nehmen und gegebenenfalls vor den nationalen Gerichten durchsetzen können. Die Voraussetzungen dieser Direktwirkung umschreibt der EuGH dahin gehend, daß die Bestimmungen der Richtlinie die Rechte des Gemeinschaftsbürgers hinreichend klar und präzise festlegen müssen, die Inanspruchnahme des Rechts an keine Bedingung oder Auflage geknüpft sein darf, dem nationalen Gesetzgeber bei der inhaltlichen Gestaltung des Rechts kein Ermessensspielraum eingeräumt sein darf und daß schließlich die Frist für die Umsetzung der Richtlinie verstrichen sein muß. Diese Rechtsprechung des EuGH zur Direktwirkung von Richtlinien und EGKS-Empfehlungen beruht im wesentlichen auf der Überlegung, daß ein Mitgliedstaat widersprüchlich und rechtsmißbräuchlich handelt, wenn er sein Recht anwendet, obwohl er es entsprechend den Vorgaben aus den Richtlinienbestimmungen hätte anpassen müssen. Dieser unzulässigen Rechtsausübung durch einen Mitgliedstaat wird durch die Anerkennung der Direktwirkung einer Richtlinienbestimmung insofern entgegengewirkt, als damit verhindert wird, daß der betreffende Mitgliedstaat aus seiner Mißachtung des Gemeinschaftsrechts irgendeinen Vorteil zieht. In diesem Sinne kommt der Direktwirkung von Richtlinien Sanktionscharakter zu. Bei dieser Einordnung ist es zudem konsequent, wenn der EuGH die unmittelbare Wirkung von Richtlinien bisher nur im Verhältnis Gemeinschaftsbürger/Mitgliedstaat anerkannt hat und dies auch nur, soweit sich die Direktwirkung zugunsten der Gemeinschaftsbürger, nicht aber zu ihren Lasten auswirkt, d. h. nur in den Fällen, in denen das Gemeinschaftsrecht eine für den Gemeinschaftsbürger günstigere Regelung bereithält als das nicht angepaßte nationale Recht (sog. vertikale Direktwirkung). Die Direktwirkung von Richtlinien im Verhältnis der Gemeinschaftsbürger untereinander (sog. horizontale Direktwirkung) hat der EuGH demgegenüber abgelehnt. Der Sanktionscharakter der Direktwirkung führt den EuGH zu der Feststellung, daß diese Wirkung nicht auch unter Privaten eingreifen kann, da diese nicht für die Versäumnisse des Mitgliedstaates verantwortlich gemacht werden können. Vielmehr streiten für sie die Grundsätze der Rechtssicherheit und des Vertrauensschutzes. Die Gemeinschaftsbürger müssen darauf vertrauen können, daß ihnen die Wirkungen einer Richtlinie nur nach Maßgabe der nationalen Umsetzungsmaßnahmen entgegengehalten werden können.

Darüber hinaus hat der EuGH in den Urteilen „Francovich" und „Bonifaci" aus dem Jahre 1991 eine Verpflichtung der Mitgliedstaaten zum Ersatz derjenigen Schäden anerkannt, die durch die fehlende oder nicht ordnungsgemäße Umsetzung verursacht werden. In diesen Fällen ging es um die Frage der Haftung des italienischen Staates für die nicht fristgemäße Umsetzung der Richtlinie 80/987/EWG des Rates über den Schutz der Arbeitnehmer bei Zahlungsunfähigkeit des Arbeitgebers vom 20. Oktober 1980. Die Richtlinie betrifft die Sicherung der Ansprüche der Arbeitnehmer auf das Arbeitsentgelt während eines Zeitraumes vor dem Eintritt der Zahlungsunfähigkeit des Arbeitgebers bzw. der Kündigung aus diesem Grund. Zu diesem Zweck waren Garantieeinrichtungen zu bilden, die dem Zugriff anderer Gläubiger des Arbeitgebers nicht unterliegen dürfen und deren Mittel von den Arbeitgebern und/oder von der öffentlichen Hand aufzubringen sind. Der EuGH stand hier vor dem Problem, daß diese Richtlinie zwar darauf abzielte, den Arbeitnehmern ein subjektives Recht auf Fortzahlung des Arbeitsentgelts aus den Mitteln der zu schaffenden Garantieeinrichtung einzuräumen, diesem Recht aber die unmittelbare Anwendbarkeit, d.h. seine Geltendmachung auch vor den nationalen Gerichten, versagt bleiben mußte, weil es infolge fehlender Umsetzung dieser Richtlinie an der Schaffung der Garantieeinrichtung und damit an der Bestimmung des Schuldners für die zu leistenden Zahlungen des Konkursausfallgeldes fehlte. Für diesen Fall hat der EuGH in seinem Urteil entschieden, daß sich der italienische Staat dadurch, daß er aufgrund der fehlenden Umsetzung der Richtlinie den Arbeitnehmern das ihnen durch die Richtlinie eingeräumte Recht vorenthalten hat, gegenüber den betroffenen Arbeitnehmern schadensersatzpflichtig gemacht hat. Die Ersatzpflicht, obwohl im Gemeinschaftsrecht nicht ausdrücklich vorgesehen, ist nach Auffassung des EuGH untrennbarer Bestandteil der Gemeinschaftsrechtsordnung, da deren volle Wirksamkeit beeinträchtigt und der Schutz der durch sie begründeten Rechte gemindert wäre, wenn die Gemeinschaftsbürger nicht die Möglichkeit hätten, für den Fall eine Entschädigung zu erlangen, daß ihre Rechte durch gemeinschaftsrechtswidriges Handeln der Mitgliedstaaten verletzt werden.

Individuelle Entscheidungen: die „Verwaltungsakte" der EG Eine dritte Kategorie gemeinschaftlicher Rechtsakte im Rechtsetzungssystem der EG sind die *EWG- und EAG-Entscheidungen und die individuelle EGKS-Entscheidung*. Eine wirksame Anwendung und Durchführung der Gemeinschaftsverträge, Verordnungen und allgemeinen EGKS-Entscheidungen sind nur denkbar, wenn für die Gemeinschaftsorgane in den Fällen, in denen sie selbst für die Ausführung des Gemeinschaftsrechts verantwortlich sind, die Möglichkeit besteht, unmittelbar auf die Verhältnisse einzelner Gemeinschaftsbürger, einzelner Unternehmen sowie einzelner Mitgliedstaaten einzuwirken. Dies entspricht genau der Situation in den nationalen Rechtsordnungen. Auch hier werden durch die nationalen Verwaltungen die Folgen, die sich aus der Anwendung etwa eines Gesetzes auf einen Einzelfall ergeben, gegenüber den Bürgern durch den Erlaß eines Verwaltungsaktes (Acte administratif, provvedimento amministrativo) verbindlich festgelegt. Diese Funktionen erfüllen in der Gemeinschaftsrechtsordnung die individuellen Entscheidungen. Sie bilden den typischen Rechtsakt, mit dem die Gemeinschaftsorgane Einzelfälle verbindlich regeln. Mit Hilfe einer Entscheidung können die Gemeinschaftsorgane von einem Mitgliedstaat oder einem Gemeinschaftsbürger ein Handeln oder Unterlassen verlangen, ihnen Rechte einräumen oder Pflichten auferlegen.

Die Strukturmerkmale einer Entscheidung lassen sich wie folgt umschreiben: 1. Die Entscheidung hat *individuelle Geltung,* wodurch sie sich von der Verordnung unterscheidet. Die Adressaten einer Entscheidung müssen individuell bezeichnet sein und werden auch nur individuell gebunden. Dafür genügt es, daß der betroffene Personenkreis im Zeitpunkt des Erlasses der Entscheidung bestimmbar ist und künftig nicht mehr erweitert werden kann. Abzustellen ist dabei vor allem auf den Inhalt der Entscheidung, der geeignet sein muß, in individueller und unmittelbarer Weise auf die Lage der Rechtsunterworfenen einzuwirken. In diesem Sinne können auch Dritte von einer Entscheidung individuell betroffen sein, sofern sie wegen bestimmter persönlicher Eigenschaften oder besonderer, sie aus dem Kreis aller übrigen Personen heraushebender Umstände berührt werden und daher in ähnlicher Weise wie der Adressat selbst individualisierbar werden. 2. Die Entscheidung ist in allen ihren Teilen *verbindlich,* wodurch sie sich von den Richtlinien unterscheidet, die nur hinsichtlich des zu erreichenden Ziels verbindlich sind. 3. Die Entscheidungen binden ihren Adressaten *unmittelbar.* Eine an einen Mitgliedstaat gerichtete Entscheidung kann darüber hinaus unter den gleichen Voraussetzungen wie eine Richtlinie unmittelbare Wirkung auch für die Gemeinschaftsbürger erzeugen.

Empfehlungen und Stellungnahmen

Schließlich sind noch die *EWG- und EAG-Empfehlungen und Stellungnahmen* vorgesehen. Diese letzte Kategorie von Rechtshandlungen, die in den Gemeinschaftsverträgen ausdrücklich vorgesehen ist, ermöglicht es den Gemeinschaftsorganen, sich gegenüber den Mitgliedstaaten und in einigen Fällen auch gegenüber den Gemeinschaftsbürgern *unverbindlich* zu äußern, d. h. ohne damit für den Adressaten rechtliche Verpflichtungen zu begründen. Im EG- und EAG-Vertrag heißen diese unverbindlichen Rechtshandlungen Empfehlungen oder Stellungnahmen, im EGKS-Vertrag nur Stellungnahmen. Die montanrechtliche Namensschwester der EG- und EAG-Empfehlung bezeichnet dagegen unglücklicherweise einen verbindlichen Rechtsakt und entspricht insoweit der Richtlinie des EG- und EAG-Vertrags. Während in den *Empfehlungen* den Adressaten ein bestimmtes Verhalten nahegelegt wird, werden Stellungnahmen von den Gemeinschaftsorganen abgegeben, wenn es um die Beurteilung einer gegenwärtigen Lage oder bestimmter Vorgänge in der Gemeinschaft oder den Mitgliedstaaten geht.

Die wesentliche Bedeutung von Empfehlungen und Stellungnahmen liegt vor allem im politischen und moralischen Bereich. Die Verfasser der Verträge sind bei der Aufnahme dieser Rechtshandlungen von der Erwartung ausgegangen, daß die Betroffenen bereits aufgrund des hohen Ansehens der Gemeinschaftsorgane und ihrer umfassenden, über die nationalen Verhältnisse hinausreichenden Übersicht und Sachkenntnis einem ihnen erteilten Rat freiwillig nachkommen würden oder die aus einer Beurteilung einer bestimmten Situation notwendigen Konsequenzen ziehen würden.

Allerdings können Empfehlungen und Stellungnahmen indirekt rechtliche Wirkungen entfalten, wenn sie nämlich die Voraussetzungen für spätere verbindliche Rechtsakte schaffen oder das betreffende Gemeinschaftsorgan sich selbst bindet, wodurch unter Umständen ein Vertrauenstatbestand geschaffen werden kann.

Die internationalen Verträge der EG

Eine *dritte Rechtsquelle* der Gemeinschaft hängt mit ihrer Rolle auf internationaler Ebene zusammen. Als einer der Anziehungspunkte in der Welt kann Europa sich nicht darauf beschränken, nur seine eigenen inneren Angelegenheiten in die Hand zu nehmen, sondern muß sich vor allem auch um seine wirtschaftlichen, sozialen und politischen Beziehungen zu anderen Ländern in der Welt bemühen. Zu diesem Zweck schließt die EG mit den „Nichtmitgliedstaaten" der Gemeinschaft (Drittländer) und anderen internationalen Organisationen völkerrechtliche Abkommen, die von Verträgen über eine umfassende Kooperation auf handelspolitischem, industriellem, technischem, sozialpolitischem Gebiet bis zu Abkommen über den Handel mit einzelnen Produkten reichen. Im Zuge ihrer wachsenden wirtschaftlichen Bedeutung und der steigenden Aktivitäten im Handel hat die Zahl der von der EG mit Drittländern abgeschlossenen Abkommen in den letzten Jahren erheblich zugenommen.

Drei Formen vertraglicher Beziehungen der EG zu Drittstaaten verdienen besondere Erwähnung:

Assoziierungsabkommen (Art. 238 EGV)

Die Assoziierung ist eine besondere Form der vertraglichen Beziehungen zu den Drittstaaten, die über die reinen handelspolitischen Regelungen hinaus eine enge wirtschaftliche Kooperation und finanzielle Unterstützung gewährt. Zu unterscheiden sind zwei Formen von Assoziierungsabkommen:

— Abkommen zur Aufrechterhaltung der besonderen Bindungen einiger Mitgliedstaaten der EG zu Drittländern.

Anlaß für die Schaffung des Instruments der Assoziierung waren insbesondere die überseeischen Länder und Gebiete, die mit Belgien, Frankreich, Italien und den Niederlanden aufgrund des ehemaligen Kolonialregimes besonders enge Wirtschaftsbeziehungen unterhielten. Da die Einführung eines gemeinsamen Außenzolls in der EG den Handelsaustausch mit diesen Gebieten erheblich gestört hätte, waren Sonderregelungen notwendig. Diese verfolgen den Zweck, das System des ungehinderten gemeinschaftlichen Handelsverkehrs auf die überseeischen Länder und Gebiete auszudehnen. Gleichzeitig wurden schrittweise die Zölle auf Waren aus diesen Ländern abgeschafft. Die finanzielle und technische Hilfe der EG wird über den Europäischen Entwicklungsfonds abgewickelt.

— Abkommen zur Vorbereitung eines möglichen Beitritts und zur Bildung einer Zollunion.

Eine weitere Aufgabe kommt der Assoziierung im Hinblick auf die Vorbereitung eines möglichen Beitritts eines Landes zur EG zu.

Sie ist gleichsam eine Vorstufe des Beitritts, auf der eine Annäherung der wirtschaftlichen Bedingungen eines Beitrittskandidaten an die EG angestrebt wird. Dieses Verfahren hat sich im Falle Griechenlands, das der EG im Jahre 1962 assoziiert wurde, bewährt. Ein weiteres Assoziierungsabkommen, das einen späteren Beitritt in Aussicht stellt, wurde im Jahre 1964 mit der Türkei abgeschlossen.

Keinen Beitritt, wohl aber die Bildung einer Zollunion mit der EG sehen zwei weitere Assoziierungsabkommen vor, die 1971 bzw. 1973 mit Malta und Zypern getroffen worden sind.

Diesen Weg hat die EG auch zur Regelung ihrer Beziehungen zu den mittel- und osteuropäischen Staaten eingeschlagen. In den sogenannten Europa-Abkommen, die die EG mit Polen, Ungarn, der Tschechische Republik, der Slowakischen Republik, Bulgarien und Rumänien abgeschlossen hat, bekennt sich die EG grundsätzlich zu dem Fernziel einer Mitgliedschaft dieser mittel- und osteuropäischen Reformstaaten. Auch diesen Staaten soll die Assoziation helfen, in einem überschaubaren Zeitraum die Voraussetzungen für den wirtschafts- und außenpolitisch erwünschten Beitritt zur EG zu erfüllen.

Kooperationsabkommen (Art. 228 EGV)

Nicht so weit wie die Assoziierungsabkommen gehen die sogenannten Kooperationsabkommen, die allein auf eine intensive wirtschaftliche Zusammenarbeit gerichtet sind. Solche Abkommen verbinden die EG u. a. mit den Maghreb-Staaten (Marokko, Algerien und Tunesien), den Maschrik-Staaten (Ägypten, Jordanien, Libanon und Syrien) und mit Israel.

Der Europäische Wirtschaftsraum (EWR)
Die Idee der Schaffung eines Europäischen Wirtschaftsraums, in dem sowohl die Mitgliedstaaten der EG als auch die in der Europäischen Freihandelszone (EFTA) zusammengeschlossenen Staaten (Österreich, Schweiz, Liechtenstein, Island, Norwegen, Schweden und Finnland) ihren Platz finden sollten, wurde erstmals vom Präsidenten der EG-Kommission, Jacques Delors, vorgestellt. In einer Grundsatzrede vor dem EP am 17. Januar 1989 sprach er sich dafür aus, die Beziehungen zwischen der EG und der EFTA in Gestalt einer auf Mitbestimmung aufbauenden Form einer Assoziation zu regeln. In der entsprechenden Passage führt Jacques Delors aus:

„... es ergeben sich zwei Möglichkeiten: entweder im Rahmen der derzeitigen, faktisch im wesentlichen bilateralen Beziehungen fortzufahren, um schließlich zu einer Freihandelszone zu gelangen, die die Gemeinschaft und die Länder der EFTA umfaßt, oder aber eine neue Form des Zusammenschlusses zu finden, der institutionell strukturierter wäre und gemeinsame Entscheidungs- und Verwaltungsorgane hätte, um die Effizienz unseres Vorgehens zu vergrößern."

Diese Idee wurde von den EFTA-Staaten aufgegriffen, und nach langwierigen Verhandlungen konnte am 2. Mai 1992 ein Abkommen über den Europäischen Wirtschaftsraum vorgelegt werden. Innerhalb des EWR soll auf der Grundlage des Bestandes an primärem und sekundärem Gemeinschaftsrecht („acquis communautaire") der freie Waren-, Personen-, Dienstleistungs- und Kapitalverkehr verwirklicht, eine einheitliche Wettbewerbs- und Beihilfenordnung statuiert sowie die Zusammenarbeit im Bereich der horizontalen und flankierenden Politiken (z. B. Umweltschutz, Forschung und Entwicklung, Bildung) vertieft werden. Das Abkommen über den EWR erschließt damit den EFTA-Staaten den EG-Binnenmarkt und stellt durch die Übernahmeverpflichtung von beinahe zwei Dritteln des Gemeinschaftsrechts eine sichere Grundlage für einen späteren Beitritt dieser Länder zur EG dar.

Nach dem Scheitern des Referendums über den EWR-Vertrag in der Schweiz hat sich das Inkrafttreten des Vertrages allerdings verzögert. Das schweizerische Nein hat Verhandlungen über die Anpassung des Abkommens an die neue Situation erforderlich gemacht. Diese Verhandlungen sind inzwischen abgeschlossen, so daß dem Inkrafttreten des Europäischen Wirtschaftsraums, dem die Schweiz nun nicht mehr angehören wird, nichts mehr im Wege steht.

Die allgemeinen Rechtsgrundsätze

Den bisher aufgeführten Rechtsquellen der Gemeinschaft ist gemeinsam, daß es sich dabei um *geschriebenes Gemeinschaftsrecht* handelt. Wie jede andere Rechtsordnung auch, kann die Gemeinschaftsrechtsordnung aber nicht ausschließlich aus geschriebenen Normen bestehen, weil jede Rechtsordnung Lücken aufweist, die durch *ungeschriebenes Recht* auszufüllen sind. Ungeschriebene Quellen des Gemeinschaftsrechts sind die *allgemeinen Rechtsgrundsätze.* Dabei handelt es sich um Normen, die die elementaren Vorstellungen von Recht und Gerechtigkeit zum Ausdruck bringen, denen jede Rechtsordnung verpflichtet ist. Das geschriebene Gemeinschaftsrecht, das im wesentlichen nur wirtschaftliche und soziale Sachverhalte regelt, kann diese Verpflichtung nur zum Teil erfüllen, so daß die allgemeinen Rechtsgrundsätze eine der wichtigsten Rechtsquellen der Gemeinschaft darstellen. Durch sie können die vorhandenen Lücken geschlossen oder das bestehende Recht durch Auslegung im Sinne des Gerechtigkeitsprinzips fortentwickelt werden. Die Verwirklichung der Rechtsgrundsätze erfolgt durch die Rechtsanwendung, insbesondere durch die Rechtsprechung des Gerichtshofs der EG, der gemäß Artikel 164 EGV, Artikel 136 EAGV und Artikel 31 EGKSV „die Wahrung des Rechts bei der Auslegung und Anwendung des Vertrages zu sichern" hat. *Bezugspunkte* für die Ermittlung der allgemeinen Rechtsgrundsätze sind vornehmlich die gemeinsamen Rechtsgrundsätze der Rechtsordnungen der Mitgliedstaaten. Sie liefern das Anschauungsmaterial, aus dem die für die Lösung eines Problems notwendige Rechtsregel auf Gemeinschaftsebene entwickelt wird. Bisher sind auf diesem Wege durch den Gerichtshof der EG vor allem folgende allgemeine Rechtsgrundsätze formuliert und in der Gemeinschaftsrechtsordnung anerkannt:

— Einzelheiten der Haftung der EG für Schäden, die von den Organen oder ihren Bediensteten verursacht worden sind;

— der Grundsatz der *Verhältnismäßigkeit,* wonach die gemeinschaftsrechtlichen Regelungen im Hinblick auf das mit ihnen verfolgte gemeinschaftliche Ziel geeignet und erforderlich sein müssen und die durch sie hervorgerufene Gesamtbelastung der betroffenen Personen im Verhältnis zu den verfolgten Gemeinschaftsinteressen nicht übermäßig hoch sein darf;

— der Grundsatz des *Vertrauensschutzes,* wonach sich Gemeinschaftsbürger und Unternehmen auf den Bestand der durch das Gemeinschaftsrecht geschaffenen rechtlichen Rahmenbedingungen einstellen und spätere Veränderungen dieser Bedingungen rückwirkend nur dann eingeführt werden dürfen, wenn wichtige Gemeinschaftsinteressen eine derartige Rückwirkung erfordern und das berechtigte Vertrauen der Betroffenen gebührend beachtet ist;

— der Grundsatz *„ne bis in idem"* (Verbot der Doppelbestrafung), wonach frühere, durch andere, insbesondere nationale Behörden verhängte Sanktionen bei einer erneuten Sanktionsentscheidung durch die Gemeinschaftsorgane berücksichtigt werden müssen;

— die Gewährleistung der *Grundrechte.*

Absprachen zwischen den Mitgliedstaaten

Als letzte Rechtsquelle der Gemeinschaft sind die *Absprachen zwischen den Mitgliedstaaten* zu nennen. Diese werden zum einen getroffen, wenn es um die Regelung von Fragen geht, die zwar in einem engen Zusammenhang zur Tätigkeit der EG stehen, für die den Gemeinschaftsorganen aber keine Kompetenz übertragen worden ist; zum anderen existieren echte völkerrechtliche Abkommen zwischen den Mitgliedstaaten, mit denen insbesondere die territoriale Beschränktheit nationaler Regelungen überwunden und gemeinschaftseinheitliches Recht geschaffen werden soll (vgl. Art. 220 EGV). Dies ist vor allem von Bedeutung im Bereich des internationalen Privatrechts; so sind etwa Übereinkommen über die gerichtliche Zuständigkeit und die Vollstreckung gerichtlicher Entscheidungen in Zivil- und Handelssachen (1968) und über die gegenseitige Anerkennung von Gesellschaften und juristischen Personen (1968) geschlossen worden.

■ DAS RECHTSETZUNGSVERFAHREN IN DER EG

Auch im Rechtsetzungsverfahren der EG spiegeln sich die Besonderheiten wider, welche die Gemeinschaft gegenüber Staaten kennzeichnen. Im Unterschied zur innerstaatlichen Willensbildung, die sich im Parlament vollzieht, wird die Willensbildung in der EG gegenwärtig noch von Regierungsmitgliedern geprägt. Dies ganz einfach deshalb, weil die EG nicht aus einem „europäischen Volk" hervorgegangen ist, sondern ihre Existenz und Ausgestaltung den Mitgliedstaaten verdankt. Diese haben Teile ihrer Souveränität zugunsten der EG nicht ohne weiteres preisgegeben, sondern diesen Schritt nur im Hinblick auf ihre starke Stellung im Entscheidungsverfahren der EG gewagt. Gleichwohl ist im Zuge der Entwicklung und Vertiefung der Gemeinschaftsrechtsordnung auch diese ursprünglich sehr einseitig auf die mitgliedstaatlichen Interessen ausgerichtete Verteilung der Befugnisse im Entscheidungsprozeß der EG durch eine stetige Verbesserung der Stellung des Europäischen Parlaments einem weitaus ausgewogeneren Entscheidungssystem gewichen.

Das Rechtsetzungsverfahren in der EG vollzieht sich im wesentlichen auf drei Ebenen, auf denen unterschiedliche Verfahren zur Anwendung kommen: Für den Erlaß der verbindlichen allgemeinen Rechtsakte (Verordnungen und Richtlinien) stehen das Vorschlagsverfahren, das durch die Einheitliche Europäische Akte eingeführte Verfahren der Zusammenarbeit und das im Vertrag über die Europäische Union vorgesehene Verfahren der Mitentscheidung zur Verfügung. Für den Erlaß von Durchführungsmaßnahmen stehen besondere Verfahren bereit. Die verbindlichen individuellen Entscheidungen sowie die unverbindlichen Rechtsakte ergehen schließlich in einem vereinfachten Verfahren. Für den EGKS-Bereich gelten verschiedene Besonderheiten.

Das Vorschlagsverfahren

Das Vorschlagsverfahren bildet nach wie vor die Grundlage für den Erlaß allgemeiner Rechtsakte in der EG und kommt in allen Fällen zur Anwendung, die nicht ausdrücklich dem Verfahren der Zusammenarbeit oder dem Verfahren der Mitentscheidung unterstellt sind. Es wird bestimmt von einer Arbeitsteilung zwischen der Kommission und dem Rat der EG. Auf eine Kurzformel gebracht, beinhaltet es: Die Kommission schlägt vor, der Rat beschließt. Bevor es allerdings zu einer Beschlußfassung durch den Rat kommt, sind verschiedene Etappen zurückzulegen, auf denen — je nach Regelungsgegenstand — neben der Kommission und dem Rat auch das EP und der Wirtschafts- und Sozialausschuß zu Wort kommen.

— **Entstehungsphase:** Eingeleitet wird das Verfahren von der Kommission, die einen Vorschlag für die zu treffende Gemeinschaftsmaßnahme erarbeitet (sog. Initiativrecht). Dies geschieht unter der Verantwortung eines Kommissars in der für den zu regelnden Wirtschaftsbereich zuständigen

Dienststelle der Kommission, wobei diese auch vielfach nationale Sachverständige beratend hinzuzieht. Der hier ausgearbeitete Entwurf, der bis in alle Einzelheiten Inhalt und Form der zu treffenden Maßnahme festlegt, wird von den Kommissionsmitgliedern beraten und schließlich mit einfacher Mehrheit beschlossen. Als „Vorschlag der Kommission" wird er dem Rat zusammen mit einer ausführlichen Begründung zugeleitet.

— **Anhörungsphase:** Der Rat prüft zunächst, ob er vor seiner Beschlußfassung den Vorschlag der Kommission weiteren Gemeinschaftsinstitutionen *zur Anhörung* überweisen muß. Ein solches Anhörungsrecht haben die Gemeinschaftsverträge für alle politisch relevanten Entscheidungen dem *Europäischen Parlament* eingeräumt (obligatorische Anhörung). Im Rahmen dieser Anhörung ist das Europäische Parlament Fürsprecher aller Gemeinschaftsbürger und nimmt ihr Interesse an einer Entwicklung der Gemeinschaft wahr. Eine Nichtanhörung des Europäischen Parlaments in solchen Fällen stellt einen schweren Formfehler und damit eine Verletzung der Gemeinschaftsverträge dar. Über diese obligatorische Anhörung hinaus wird das Europäische Parlament praktisch auch zu allen anderen Rechtsetzungsvorhaben angehört (fakultative Anhörung). Den Abschluß der Mitwirkung des Europäischen Parlaments bildet eine formelle schriftliche Stellungnahme, die von seinem Präsidenten dem Rat und der Kommission übermittelt wird und auch Änderungsvorschläge enthalten kann. Nach wie vor ist der Rat rechtlich jedoch nicht gehalten, den Stellungnahmen und Änderungsvorschlägen des Europäischen Parlaments Rechnung zu tragen.

Neben der Anhörung des Europäischen Parlaments verpflichten die Gemeinschaftsverträge in einigen Fällen den Rat auch zur Anhörung des *Wirtschafts- und Sozialausschusses.* Ausdrücklich vorgeschrieben ist die Anhörung dieses Ausschusses etwa für Maßnahmen des Rates im Bereich der Niederlassungsfreiheit (vgl. Art. 54 Abs. 2 EGV). Freilich steht es auch hier dem Rat frei, eine Anhörung dieses Ausschusses über die in den Gemeinschaftsverträgen bestimmten Fälle hinaus zu beschließen. Dies geschieht auch sehr häufig, wenngleich es — im Unterschied zum Europäischen Parlament — nicht die Regel ist. Wie beim Europäischen Parlament bildet auch die Stellungnahme des Wirtschafts- und Sozialausschusses zum Vorschlag der Kommission, die dem Rat und der Kommission zugeleitet wird, den Abschluß seiner Mitwirkung. Diese Stellungnahme ist jedoch wie die des EP für den Rat nicht verbindlich.

— **Entscheidungsphase:** Nach der Anhörung des Europäischen Parlaments und des Wirtschafts- und Sozialausschusses liegt der Vorschlag der Kommission, unter Umständen in einer von der Kommission entsprechend der Stellungnahme des Europäischen Parlaments und des Wirtschafts- und Sozialausschusses geänderten Fassung (vgl. Art. 189a EGV*), wieder beim Rat. Dort wird er zunächst von fachlichen Arbeitsgruppen und sodann vom *Ausschuß der Ständigen Vertreter der Mitgliedstaaten* (Coreper = Comité des représentants permanents) beraten. Die Bedeutung, die dieser Ausschuß für das Funktionieren der Gemeinschaft hat, kann kaum überschätzt werden. Er tagt permanent, koordiniert die Arbeit zur Vorbereitung der Sitzungen des Rates und hat dabei die Möglichkeit, Prioritäten und Dringlichkeiten auf den Tagesordnungen der Ministerratssitzungen festzulegen. Darüber hinaus kann er sich über Sachfragen bereits soweit einigen, daß die Minister die von den Ständigen Vertretern einstimmig beschlossenen Maßnahmen nur zu bestätigen brauchen. Die Beschlußfassung durch den Rat schließt das Normsetzungsverfahren ab.

— **Veröffentlichung:** Der beschlossene Rechtsakt wird in der endgültigen Form in allen neun Amtssprachen (Dänisch, Deutsch, Englisch, Französisch, Griechisch, Italienisch, Niederländisch, Portugiesisch und Spanisch) ausgearbeitet, vom Rat endgültig

* Früher Art. 149 Abs. 1 EWGV.

„in den Sprachen der Gemeinschaft angenommen", vom Präsidenten des Rates unterzeichnet und anschließend im *Amtsblatt der EG* veröffentlicht oder demjenigen, für den er bestimmt ist, bekanntgegeben (Art. 191 EGV).

Das Verfahren der Zusammenarbeit (Art. 189 c EGV*)

Das Verfahren der Zusammenarbeit beruht in seinen Grundzügen auf dem eben dargestellten Vorschlagsverfahren, sieht jedoch eine Stärkung der Einflußmöglichkeiten des EP auf den Entscheidungsprozeß in der EG vor. Außerdem führt es zu einer gewissen Beschleunigung des Rechtsetzungsverfahrens. Es kommt vor allem in den Bereichen des Binnenmarktes, der Sozialpolitik, des wirtschaftlichen und sozialen Zusammenhalts sowie der Forschung zur Anwendung. Die Beschlüsse können hier mit qualifizierter Mehrheit gefaßt werden, es sei denn, es handelt sich um Regelungen über die Steuern, über die Freizügigkeit und über die Rechte und Interessen der Arbeitnehmer, für die ausdrücklich Einstimmigkeit verlangt wird.

* Früher Art. 149 Abs. 2 EWGV.

VORSCHLAGS- UND ENTSCHEIDUNGSVERFAHREN DER GEMEINSCHAFT

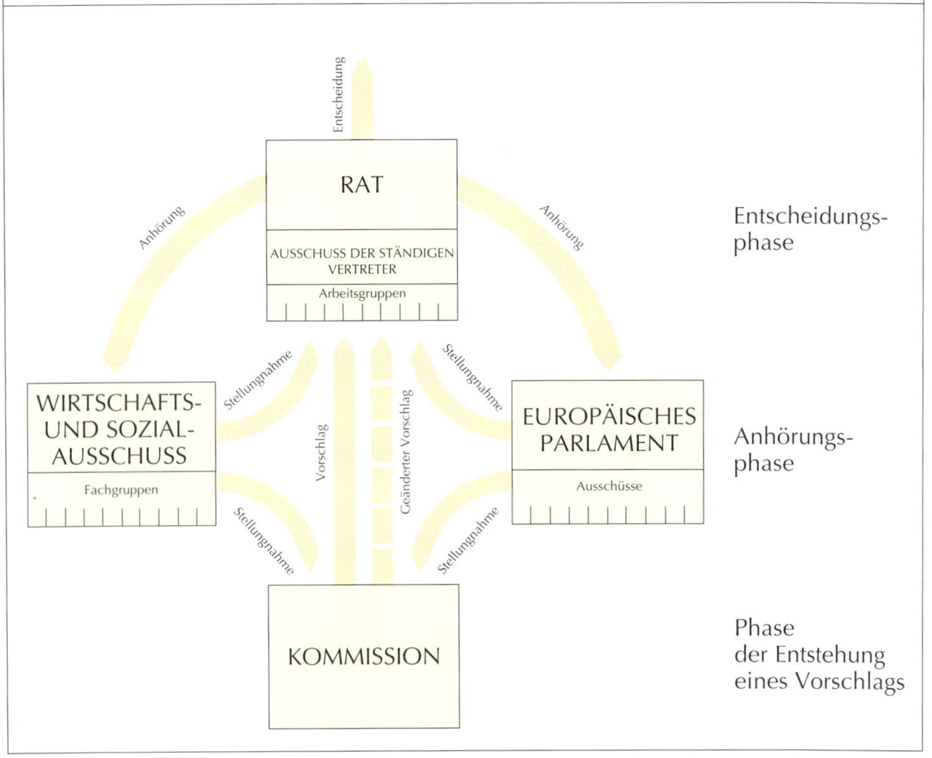

Das Verfahren der Zusammenarbeit läßt sich wie folgt zusammenfassen:

1. Ausgangspunkt ist hier wie beim Vorschlagsverfahren der Vorschlag der Kommission. Dieser wird nun nicht mehr allein dem Rat zugeleitet, sondern ebenfalls dem EP, das darüber in einer *ersten Lesung* berät und seine Stellungnahme dem Rat übermittelt.

2. Der Rat legt auf der Grundlage des Kommissionsvorschlags, der Stellungnahme des EP und seiner eigenen Überzeugung einen „Gemeinsamen Standpunkt" fest, der danach den Gegenstand einer *zweiten Lesung* im EP bildet. Das EP hat nunmehr innerhalb einer Frist von drei Monaten vier Handlungsmöglichkeiten:

— Billigt das EP den Gemeinsamen Standpunkt, kann der Rat diesen endgültig beschließen.

DAS VERFAHREN DER INSTITUTIONELLEN ZUSAMMENARBEIT

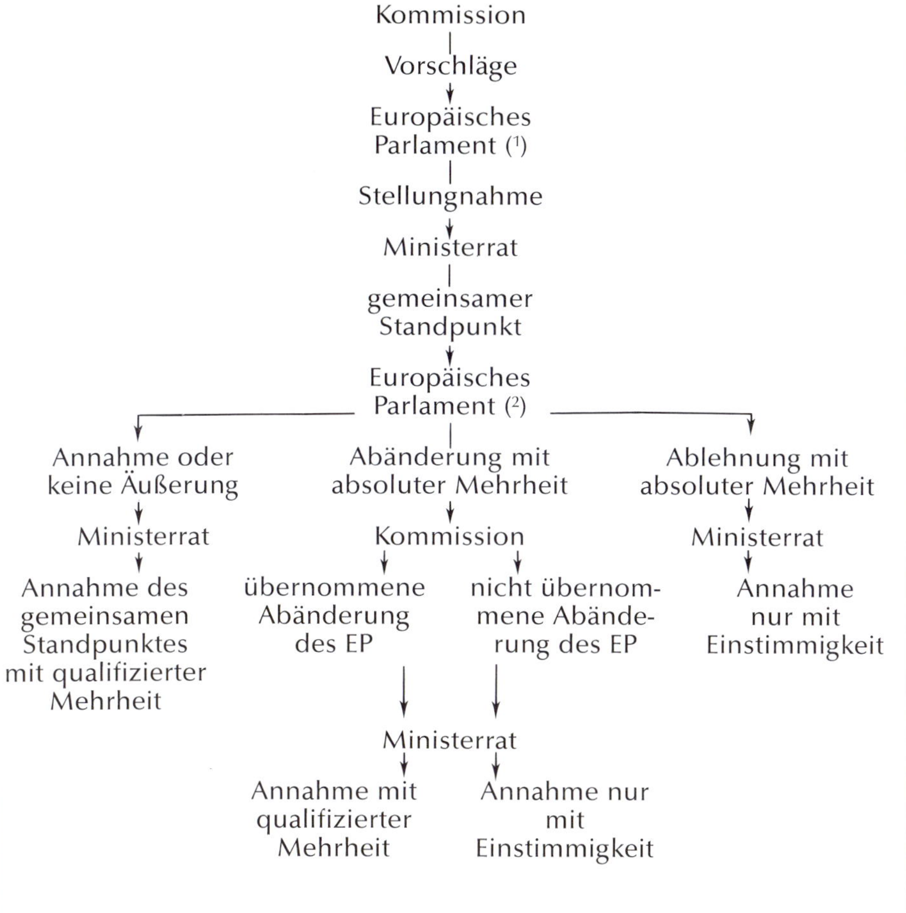

(1) Erste Lesung im Europäischen Parlament.
(2) Zweite Lesung im Europäischen Parlament.

— Läßt das EP die Frist von drei Monaten verstreichen, ohne eine Stellungnahme abzugeben, wird dies als Zustimmung zum Gemeinsamen Standpunkt gewertet, so daß der Rat auch hier den Gemeinsamen Standpunkt endgültig beschließen kann.

— Lehnt das EP den Gemeinsamen Standpunkt ab, so kann der Rat seine Vorstellungen nur noch einstimmig durchsetzen oder aber gar keinen Beschluß fassen. Angesichts der hohen Anforderungen an die Beschlußfassung im Rat ist dies der Blockadefall. Das EP wird eine Ablehnung deshalb nur in seltenen Fällen praktizieren.

— In der Regel wird das EP Abänderungen vorschlagen. Dann kommt es darauf an, ob die Kommission diese Abänderungen übernimmt oder nicht. Nur wenn die Kommission die Abänderungen übernimmt, beschließt der Rat im normalen Beschlußverfahren, nämlich mit qualifizierter Mehrheit oder aber mit Einstimmigkeit, sofern er von dem von der Kommission überprüften Vorschlag abweichen will. Wenn die Kommission die Abänderungen hingegen nicht übernimmt, bedarf es zu ihrer Übernahme durch den Rat wiederum der Einstimmigkeit.

In jedem Fall besitzt der Ministerrat auch weiterhin eine Notbremse, indem er über die Abänderungsvorschläge des Europäischen Parlaments oder den geänderten Vorschlag der Kommission nicht beschließen und damit das Gesetzgebungsverfahren blockieren kann. Dennoch ist das Verfahren der Zusammenarbeit insgesamt ein wesentlicher Fortschritt innerhalb des Entscheidungsverfahrens der Gemeinschaft.

Das Verfahren der Mitentscheidung (Art. 189 b EGV)

Das Verfahren der Mitentscheidung läuft, vereinfacht dargestellt, in folgenden Etappen ab:

1. Ausgangspunkt ist auch hier ein Vorschlag der Kommission, der dem Rat und dem EP zugeleitet wird. In einer *ersten Lesung* berät das EP diesen Vorschlag und übermittelt seine Stellungnahme dem Rat.

2. Der Rat beschließt auf der Grundlage des Kommissionsvorschlags, der Stellungnahme des EP und seiner eigenen Überzeugung einen Gemeinsamen Standpunkt. Dies kann mit qualifizierter Mehrheit geschehen, wenn der Rat dem Vorschlag der Kommission folgt; will der Rat davon abweichen, ist Einstimmigkeit erforderlich. Der Gemeinsame Standpunkt wird im EP in einer *zweiten Lesung* beraten, in der es zu einer „Mitentscheidung" des EP über den geplanten Rechtsakt kommt. Dabei hat das EP innerhalb einer Frist von drei Monaten drei Handlungsmöglichkeiten:

a) Wenn das EP den Gemeinsamen Standpunkt des Rates billigt oder sich binnen drei Monaten nicht geäußert hat, so erläßt der Rat den betreffenden Rechtsakt entsprechend dem Gemeinsamen Standpunkt.

b) Wenn das EP Abänderungen am Gemeinsamen Standpunkt des Rates vornimmt, tritt folgendes Verfahren in Kraft: In einem Vermittlungsausschuß, der sich aus gleichberechtigten Vertretern des Rates und des EP zusammensetzt, wird um einen Kompromiß gerungen und im Falle einer Einigung der betreffende Rechtsakt entsprechend dem Kompromißentwurf durch gleichgewichtige Beschlüsse des EP und des Rates erlassen.

c) Wenn das EP den Gemeinsamen Standpunkt global ablehnt, kann der Rat ebenfalls den Vermittlungsausschuß anrufen. Das Verfahren läuft in diesem Fall wie unter b) beschrieben ab.

3. Wenn es im Vermittlungsausschuß zu keinem Kompromißentwurf gekommen ist, kann der Rat binnen sechs Wochen mit qualifizierter Mehrheit den gemeinsamen Standpunkt, gegebenenfalls mit den vom EP vorgeschlagenen Änderungen, bestätigen. In einer *dritten Lesung* kann das EP diesen jedoch mit absoluter Mehrheit ablehnen. Der Rechtsakt kann in diesem Fall nicht zustande kommen, so daß dem EP insoweit praktisch ein Vetorecht zukommt.

Die Einführung des Verfahrens der Mitentscheidung bedeutet für das EP Herausforderung und Chance zugleich. Zwar setzt ein er-

DAS VERFAHREN DER MITENTSCHEIDUNG

Kommission

Vorschläge

Europäisches Parlament ([1])

Stellungnahme

Ministerrat

Gemeinsamer Standpunkt

Europäisches Parlament ([2])

- *Annahme* oder keine Äußerung
  - Ministerrat
  - Annahme des Gemeinsamen Standpunktes mit qualifizierter Mehrheit
- *Abänderung* mit absoluter Mehrheit
  - Kommission
    - übernommene Abänderung des EP
    - nicht übernommene Abänderung des EP
  - Ministerrat
    - *Annahme* mit qualifizierter Mehrheit
    - *Annahme* nur mit Einstimmigkeit
    - *Ablehnung*
  - Einberufung des Vermittlungsausschusses durch Rat und Europäisches Parlament
    - Einigung
      - Erlaß des Rechtsaktes durch Europäisches Parlament ([3]) und Rat mit absoluter bzw. qualifizierter Mehrheit
    - Keine Einigung
      - Ministerrat
      - Bestätigung des Gemeinsamen Standpunktes mit qualifizierter Mehrheit
      - Europäisches Parlament ([3])
      - Ablehnung des Rechtsaktes mit absoluter Mehrheit; Rechtsakt kommt endgültig nicht zustande
- *Ablehnung* mit absoluter Mehrheit
  - Ministerrat
  - Einberufung des Vermittlungsausschusses
    - Einigung
      - Erlaß des Rechtsaktes durch Europäisches Parlament ([3]) und Rat mit absoluter bzw. qualifizierter Mehrheit
    - Keine Einigung
      - Bestätigung der Ablehnung durch Europäisches Parlament ([3]) mit absoluter Mehrheit; Rechtsakt kommt endgültig nicht zustande

([1]) Erste Lesung im Europäischen Parlament.

([2]) Zweite Lesung im Europäischen Parlament.

([3]) Dritte Lesung im Europäischen Parlament.

folgreiches Wirken dieses Verfahrens eine Einigung im Vermittlungsausschuß voraus; dennoch enthält es erste Ansätze einer grundlegenden Veränderung im Verhältnis zwischen EP und Rat. Zum ersten Mal besteht zwischen beiden Organen in der Gesetzgebung Gleichberechtigung. Es liegt nun am EP selbst, seine politische Kompromißfähigkeit zu beweisen und sich im Vermittlungsausschuß möglichst auf einen gemeinsamen Entwurf mit dem Rat zu einigen. Die praktische Anwendung des Verfahrens der Mitentscheidung ist keineswegs nur auf untergeordnete Politikbereiche beschränkt, sondern erfaßt etwa Bereiche wie die Freizügigkeit der Arbeitnehmer, die Niederlassungsfreiheit einschließlich der Koordinierung der Sondervorschriften für Ausländer und die gegenseitige Anerkennung von Diplomen, die Dienstleistungsfreiheit, die Rechtsangleichung zur Herstellung und zum Funktionieren des Binnenmarktes, Fördermaßnahmen in den Bereichen Erziehung, berufliche Ausbildung, Jugend, Kultur und Gesundheit, Verbraucherschutz, Forschung und Technologie sowie einige Umweltaktionsprogramme.

Die Verfahren zum Erlaß von Durchführungsbestimmungen

Als Regelfall ist vorgesehen, daß der Rat die Befugnis zum Erlaß der Durchführungsbestimmungen zu den von ihm erlassenen Rechtsakten auf die Kommission überträgt (Art. 145 EGV). Nur in besonderen Fällen kann sich der Rat vorbehalten, die Durchführungsbefugnisse selbst auszuüben. In Wahrnehmung der ihr übertragenen Durchführungsbefugnisse darf die Kommission die auszuführenden Rechtsakte des Rates jedoch weder ändern noch ergänzen. Dies wird durch die Einschaltung von Ausschüssen gewährleistet. Zu unterscheiden sind drei Ausschußverfahren, deren jeweilige Anwendung in dem durchzuführenden Rechtsakt festgelegt wird.

— **Verfahren „Beratender Ausschuß":** Der Anwendungsbereich dieses Verfahrens erstreckt sich vor allem auf diejenigen Maßnahmen, die zur Durchführung der vom Rat im Zusammenhang mit der Verwirklichung des Binnenmarktes erlassenen Rechtsakte erforderlich sind. Der „Beratende Ausschuß" setzt sich aus Vertretern der Mitgliedstaaten zusammen und wird von einem Vertreter der Kommission geleitet. Der Vertreter der Kommission unterbreitet dem Ausschuß einen Entwurf der zu treffenden Maßnahme, zu dem dieser innerhalb einer von der Kommission festgesetzten Frist eine Stellungnahme abgibt. Die Kommission ist aufgefordert, aber nicht verpflichtet, die Stellungnahme soweit wie möglich zu berücksichtigen. Sie unterrichtet den Ausschuß darüber, inwieweit sie den Anregungen und Änderungen des Ausschusses nachgekommen ist.

— **Verfahren „Verwaltungsausschuß":** Dieses Verfahren kommt seit 1962 beim Erlaß von Durchführungsbestimmungen im Agrarbereich zur Anwendung. Die Kommission muß vor dem Erlaß der von ihr beabsichtigten Maßnahmen einen aus Vertretern der Mitgliedstaaten zusammengesetzten Verwaltungsausschuß anhören. Der Ausschuß gibt zu den Maßnahmeentwürfen eine Stellungnahme ab, die der qualifizierten Mehrheit (vgl. Art. 148 Abs. 2 EGV) der Ausschußmitglieder bedarf. Im Falle der Zustimmung des Ausschusses setzt die Kommission den geplanten Rechtsakt in Kraft. Lehnt der Ausschuß den beabsichtigten Rechtsakt hingegen ab, so ist die Kommission ermächtigt, sofort anwendbare Maßnahmen zu treffen. Diese müssen dem Rat unverzüglich mitgeteilt werden. Der Rat kann innerhalb eines Monats (Variante a) bzw. innerhalb von drei Monaten (Variante b) mit qualifizierter Mehrheit einen anderslautenden Beschluß fassen.

— **Verfahren „Regelungsausschuß":** Das im Jahre 1968 vom Rat entwickelte Regelungsausschußverfahren deckt die anderen Bereiche der gemeinschaftlichen Politiken ab. Auch dieser Ausschuß setzt sich aus Vertretern der Mitgliedstaaten zusammen und gibt mit qualifizierter Mehrheit eine Stellungnahme zu den geplanten Durchführungsbestimmungen der Kommission ab. Im Unterschied zum Verwaltungsausschußverfahren ist die Stellung der Kommission im Falle der Ablehnung ihrer Maßnahme oder der Nichtabgabe einer Stellungnahme durch den Ausschuß allerdings erheblich geschwächt. In diesen Fällen kann die Kommission ihre Durchführungsmaßnahmen nicht zur sofortigen Anwendung bringen, sondern muß die zu treffenden Maßnahmen dem Rat zur Beschlußfassung vorschlagen. Der Rat beschließt über diesen Vorschlag mit qualifizierter Mehrheit innerhalb einer Frist von drei Monaten. Hat der Rat nach Ablauf dieser Frist noch keinen Beschluß gefaßt, so werden die vorgeschlagenen Maßnahmen von der Kommission erlassen (Variante a), es sei denn, der Rat hat sich mit einfacher Mehrheit gegen die genannten Maßnahmen ausgesprochen (Variante b).

Das einfache Verfahren

Im einfachen Verfahren werden Rechtshandlungen von einem Gemeinschaftsorgan ohne Vorschlag der Kommission erlassen. Dieses Verfahren findet zunächst bei den Maßnahmen Anwendung, die von der Kommission in eigener Zuständigkeit erlassen werden. Im einfachen Verfahren werden daneben auch die unverbindlichen Rechtsakte, d.h. Empfehlungen und Stellungnahmen, von Rat und Kommission abgegeben.

Besonderheiten des EGKS-Vertrages

Anders als nach den soeben beschriebenen Verfahren verläuft der Erlaß der verbindlichen Rechtsakte in der EGKS, der *allgemeinen Entscheidung* und der EGKS-*Empfehlung*. Hier ist vor allem die vom Schema der Römischen Verträge abweichende Rolle der Kommission und des Rates zu beachten. Im EGKS-Vertrag liegt die Befugnis zum Erlaß der Rechtsakte nicht beim Rat, sondern in aller Regel bei der Kommission. Dem Rat wird lediglich für bestimmte Fälle ein *Zustimmungsrecht* eingeräumt, das ihm allerdings die Möglichkeit eröffnet, die Rechtsakte der Kommission zu Fall zu bringen. Bevor es zur endgültigen Beschlußfassung durch die Kommission kommt, müssen auch in den vom EGKS-Vertrag bestimmten Fällen das Europäische Parlament sowie der im EGKS-Bereich bestehende „Beratende Ausschuß" angehört werden.

■ DIE RECHTMÄSSIGKEIT DES HANDELNS DER GEMEINSCHAFTSORGANE

Die Gemeinschaftsverträge bekennen sich zu dem Prinzip, daß das Handeln der Organe den Bestimmungen der Gemeinschaftsverträge entsprechen muß. Es ist in zahlreichen Vertragsvorschriften verankert; so etwa, wenn in den drei Verträgen im Zusammenhang mit den Aufgaben der Gemeinschaft und ihrer Organe die Wendungen „gemäß den Bestimmungen dieses Vertrages", „unter den in diesem Vertrag vorgesehenen Bedingungen" und „nach Maßgabe dieses Vertrages" gebraucht werden. Was für die Bindung der gesetzgebenden und vollziehenden Gewalt der Gemeinschaft an das Vertragsrecht gilt, muß ebenso gelten für die Beachtung des sekundären Gemeinschaftsrechts beim Erlaß von Durchführungsvorschriften und bei der Regelung von Einzelfällen durch individuelle Entscheidungen. Denn die umfassenden und teilweise bis in alle Einzelheiten gehenden Regelungen des Gemeinschaftsrechts würden kaum einen Sinn haben, wären die Gemeinschaftsorgane nicht gehalten, diese Normierungen peinlich zu beachten.

■ DAS RECHTSSCHUTZSYSTEM DER EG

Wie jede Rechtsordnung stellt auch die Gemeinschaftsrechtsordnung ein geschlossenes Rechtsschutzsystem für die Auseinandersetzungen über das Gemeinschaftsrecht und für seine Durchsetzung zur Verfügung. Im Mittelpunkt dieses Rechtsschutzsystems stehen der *Gerichtshof der Europäischen Gemeinschaften* und das ihm beigeordnete Gericht erster Instanz. Der Gerichtshof besitzt die höchste und zugleich alleinige richterliche Gewalt in allen Fragen des Gemeinschaftsrechts. Seine generelle Aufgabe wird in den Gründungsverträgen mit den Worten beschrieben: Der Gerichtshof *„sichert die Wahrung des Rechts bei der Auslegung und Anwendung"* der Verträge (vgl. Art. 164 EGV, Art. 136 EAGV, Art. 31 EGKSV). Der Aufgabenbereich des Gerichtshofs ist äußerst vielfältig. Zum einen übt er eine *rechtsberatende Funktion* aus. Er kann Gutachten ausarbeiten zu Übereinkommen, die die Gemeinschaft mit Staaten oder internationalen Organisationen abschließen will. Diese Gutachten sind rechtsverbindlich. Ungleich größer ist jedoch seine Funktion als *rechtsprechendes* Organ. Dabei unterscheidet man im wesentlichen folgende Verfahren:

Vertragsverletzungsverfahren (Art. 169 EG-Vertrag)

Dieses Verfahren dient der Feststellung, ob ein Mitgliedstaat gegen Verpflichtungen, die ihm das Gemeinschaftsrecht auferlegt, verstoßen hat. Im Hinblick auf den schwerwiegenden Charakter dieses Vorwurfs muß vor der Anrufung des EuGH ein Vorverfahren durchgeführt werden, in dem dem betreffenden Mitgliedstaat die Möglichkeit gegeben wird, zu den Vorwürfen Stellung zu nehmen. Führt dieses Verfahren nicht zur Klärung der Streitfragen, so kann entweder die Kommission oder aber ein Mitgliedstaat Klage wegen Vertragsverletzung beim EuGH erheben. In der Praxis liegt die Initiative zumeist bei der Kommission. Der EuGH untersucht den Streitfall und stellt fest, ob eine Vertragsverletzung vorliegt oder nicht. Im Falle der Feststellung eines Vertragsverstoßes ist der betreffende Mitgliedstaat verpflichtet, den festgestellten Mangel unverzüglich abzustellen. Kommt der betreffende Mitgliedstaat diesem Urteil nicht nach, so eröffnet der Vertrag über die Europäische Union nunmehr die Möglichkeit, gegenüber einem vertragsuntreuen Mitgliedstaat, der bereits ein Urteil des EuGH unbeachtet gelassen hat, in einem Zweiturteil die Zahlung eines Pauschalbetrages oder Zwangsgelder zu verhängen (Art. 171 EG-Vertrag).

Nichtigkeitsklage (Art. 173 EG-Vertrag)

Mit dieser Klage wird die Aufhebung von verbindlichen Rechtshandlungen des Rates und der Kommission verfolgt. Die Nichtigkeitsklage kann auf die Unzuständigkeit des handelnden Organs, die Verletzung wesentlicher Formvorschriften, die Verletzung des Vertrags- oder des Sekundärrechts und auf einen Ermessensmißbrauch gestützt werden. Sie kann von den Mitgliedstaaten, dem Rat oder der Kommission erhoben werden. Diese Klagebefugnis hat der EuGH auch dem EP eingeräumt, sofern das Parlament die Verletzung der ihm durch die Gemeinschaftsverträge verliehenen Rechte geltend machen kann. Dagegen können Gemeinschaftsbürger und Unternehmen Nichtigkeitsklagen nur gegen Entscheidungen erheben, die gegen sie selbst ergangen sind, oder gegen solche Entscheidungen, die, obwohl an andere Personen gerichtet, sie unmittelbar und individuell betreffen. Ist die Klage begründet, so erklärt der EuGH die angefochtene Handlung mit Wirkung auch für die Vergangenheit für nichtig. In begründeten Fällen kann der EuGH die Nichtigkeitserklärung auf die Zeit vor der Urteilsverkündung beschränken. Zur Wahrung der Rechte und Interessen der Kläger werden diese allerdings von der Beschränkung der Wirkungen eines Nichtigkeitsurteils ausgenommen. Die von Gemeinschaftsbürgern oder Unternehmen eingereichten Nichtigkeitsklagen werden nach einem Beschluß des Rates vom 8. Juni 1993 dem Gericht erster Instanz zugewiesen, soweit diese Klagen nicht den Bereich des Antidumpingrechts betreffen.

Untätigkeitsklage (Art. 175 EG-Vertrag)

Diese Klage ergänzt den Rechtsschutz gegenüber Rat und Kommission, indem sie die Möglichkeit einräumt, auch gegen ein rechtswidriges Unterlassen eines Gemeinschaftsrechtsaktes gerichtlich vorzugehen. Bevor die Klage jedoch erhoben werden kann, muß ein Vorverfahren durchgeführt werden, in dem der Kläger das betreffende Gemeinschaftsorgan zum Tätigwerden auffordern muß. Gegenstand einer von Rat, Kommission oder EP angestrengten Klage ist der Antrag auf Feststellung, daß es der Rat oder die Kommission unter Verletzung des Vertrages unterlassen haben, einen Rechtsakt zu erlassen. Bei Gemeinschaftsbürgern und Unternehmen ist der Gegenstand der Untätigkeitsklage darüber hinaus auf den Antrag beschränkt, festzustellen, daß ein an den Kläger zu richtender Rechtsakt, d. h. eine an den Kläger adressierte Entscheidung von einem Gemeinschaftsorgan unter Verletzung des Vertrages nicht erlassen worden ist. Mit dem abschließenden Urteil wird lediglich die Rechtswidrigkeit eines bestimmten Unterlassens festgestellt. Dagegen ist der EuGH nicht befugt, in seinem Urteil eine Verpflichtung zum Erlaß der erforderlichen Maßnahme auszusprechen. Die unterlegene Partei ist lediglich verpflichtet, die sich aus dem Urteil des EuGH ergebenden Maßnahmen zu ergreifen.

Schadensersatzklage (Art. 178, 215 Abs. 2 EG-Vertrag)

Diese Klage gibt den Gemeinschaftsbürgern und Unternehmen, denen infolge eines von Bediensteten der EG begangenen Fehlers ein Schaden entstanden ist, die Möglichkeit, vor dem EuGH den Ersatz dieses Schadens zu verlangen. Die Voraussetzungen der Haftung der EG sind in den Verträgen nur lückenhaft geregelt; sie bestimmen sich im übrigen nach den allgemeinen Rechtsgrundsätzen, die den Rechtsordnungen der Mitgliedstaaten gemeinsam sind. Diese sind vom EuGH entwickelt worden. Nach der Rechtsprechung des EuGH unterliegt die Schadensersatzpflicht der EG folgenden Voraussetzungen: 1. Rechtswidriges Handeln eines Gemeinschaftsorgans oder eines Bediensteten der EG in Ausübung seiner Amtstätigkeit. Sofern die Haftung für rechtswidrige Rechtsetzungsakte der EG (Verordnungen und Richtlinien) in Frage steht, genügt nicht die einfache Rechtswidrigkeit dieser Akte, sondern es muß eine dem Schutz des einzelnen dienende höherrangige Rechtsnorm erheblich und offenkundig verletzt worden sein. Die Feststellung, wann eine hinreichend qualifizierte Verletzung des Gemeinschaftsrechts vorliegt, ist nicht leicht zu treffen. Der EuGH stellt insbesondere ab auf die begrenzte Anzahl der durch die rechtswidrige Maßnahme betroffenen Personen und auf den Umfang des eingetretenen Schadens, der die Grenzen der für den jeweiligen Wirtschaftszweig normalen wirtschaftlichen Risiken übersteigen muß. 2. Vorliegen eines Schadens. 3. Bestehen eines ursächlichen Zusammenhangs zwischen dem entstandenen Schaden und der Handlung der Gemeinschaft. 4. Ein Verschulden auf seiten der handelnden Gemeinschaftsorgane ist nicht erforderlich. Die Behandlung der Schadensersatzklagen fällt seit der Einrichtung des Gerichts erster Instanz in die Zuständigkeit dieses Gerichts.

Beamtenklage (Art. 179 EG-Vertrag)

Die im Rahmen des Dienstverhältnisses zwischen der Gemeinschaft und ihren Beamten bzw. deren Hinterbliebenen auftretenden Streitsachen werden ebenfalls vom Gericht erster Instanz behandelt.

Vorabentscheidungsverfahren (Art. 177 EG-Vertrag)

Im Wege des Vorabentscheidungsverfahrens können sich die nationalen Gerichte an den EuGH wenden. Das nationale Gericht kann, wenn es im Rahmen eines bei ihm anhängigen Rechtsstreits Bestimmungen des Gemeinschaftsrechts anzuwenden hat, dieses Verfahren aussetzen und dem EuGH die Frage vorlegen, ob der von Gemeinschaftsorganen erlassene Rechtsakt gültig ist und/oder wie dieser Rechtsakt und die Gemeinschaftsverträge auszulegen sind. Der nationale Richter formuliert dabei eine Rechtsfrage, auf die der EuGH in Form eines Urteils und nicht etwa nur in Form eines Gutachtens antwortet, womit bereits der verbindliche Charakter seines Richterspruchs auch äußerlich zum Ausdruck gebracht wird. Gleichwohl ist das Vorabentscheidungsverfahren nicht wie die anderen dargestellten Verfahren ein Streitverfahren zur Entscheidung eines Rechtsstreits, sondern es stellt nur einen Teil eines Gesamtverfahrens dar, das vor einem nationalen Gericht beginnt und auch dort endet. Ziel dieses Verfahrens ist die Gewährleistung einer einheitlichen Auslegung des Gemeinschaftsrechts und damit der Einheitlichkeit der gemeinschaftlichen Rechtsordnung.

Das Verfahren der Vorabentscheidung stellt sich in seinen Grundzügen wie folgt dar:

1. Gegenstand des Vorabentscheidungsersuchens: Der EuGH entscheidet nur über die Gültigkeit und Auslegung des Gemeinschaftsrechts, nicht aber über die Gültigkeit oder die Auslegung des nationalen Rechts.

2. Vorlageberechtigung: Zur Vorlage berechtigt sind alle unabhängigen, d. h. nicht weisungsgebundenen staatlichen Einrichtungen zur Streitentscheidung. Ob ein nationaler Richter von seinem Vorlagerecht Gebrauch macht, hängt von der Entscheidungserheblichkeit der gemeinschaftsrechtlichen Fragen für den Ausgangsrechtsstreit ab, über die der nationale Richter selbst entscheidet. Die Parteien des Rechtsstreits können nur Anregungen geben. Der EuGH überprüft die Entscheidungserheblichkeit nur daraufhin, ob es sich um Rechtsfragen handelt oder ob nicht ein konstruierter Fall vorliegt.

3. Vorlageverpflichtung: Zur Vorlage verpflichtet ist jedes Gericht, dessen Entscheidung mit Rechtsmitteln des nationalen Rechts nicht mehr angegriffen werden kann. Das vorlagepflichtige Gericht kann nur dann von der Vorlage absehen, wenn die Vorlagefrage unerheblich für den Ausgang des Rechtsstreits ist, vom EuGH bereits entschieden ist oder kein vernünftiger Zweifel an der Auslegung einer Gemeinschaftsrechtsvorschrift möglich ist. Eine uneingeschränkte Vorlagepflicht besteht hingegen, wenn ein nationales Gericht von der Ungültigkeit eines Gemeinschaftsrechtsaktes ausgehen will. Die Verletzung der Vorlagepflicht kann sowohl auf der Ebene des Gemeinschaftsrechts als auch auf der Ebene des nationalen Rechts sanktioniert werden. Aus gemeinschaftsrechtlicher Sicht bedeutet jede Verletzung der Vorlagepflicht zugleich eine Vertragsverletzung, nämlich eine Verletzung des Art. 177 EG-Vertrag, die mit dem Vertragsverletzungsverfahren gegen den Mitgliedstaat des betreffenden Gerichts verfolgt werden kann. Zu einem solchen Verfahren ist es bisher jedoch noch nicht gekommen. Aus der Sicht des nationalen Rechts ist jeweils die Frage zu stellen, ob ein Urteil, das unter Verletzung der Verpflichtungen aus dem Gemeinschaftsrecht zustande gekommen ist, Bestand haben kann.

4. Wirkungen der Vorabentscheidung: Die Vorabentscheidung bindet zunächst das vorlegende Gericht und alle anderen Gerichte, die mit der betreffenden Streitsache befaßt werden. Darüber hinaus kommt den Vorabentscheidungen in der Praxis eine erhebliche Präjudizwirkung auch für andere, ähnliche Verfahren zu.

DIE EINORDNUNG DES GEMEINSCHAFTSRECHTS IM GESAMTSYSTEM DES RECHTS

Nach allem, was wir über die Struktur der EG und ihre Rechtsordnung kennengelernt haben, ist es nicht einfach, dem Gemeinschaftsrecht seinen Platz im Gesamtsystem des Rechts zuzuweisen und Grenzlinien zu anderen Rechtsordnungen zu ziehen. Zwei Versuche der Einordnung sind von vornherein zu verwerfen: Ebensowenig wie das Gemeinschaftsrecht als bloßes Bündel zwischenstaatlicher Abmachungen zu begreifen ist, kann man es als Teil oder Anhängsel nationaler Rechtssysteme werten.

■ DIE EIGENSTÄNDIGKEIT DER GEMEINSCHAFTSRECHTSORDNUNG

Die Mitgliedstaaten haben durch die Gründung der Gemeinschaften ihre Gesetzgebungshoheit beschränkt und so einen eigenständigen Rechtskörper geschaffen, der für ihre Angehörigen und sie selbst verbindlich ist.

Diese Feststellungen hat der EuGH bereits in der berühmten Rechtssache aus dem Jahre 1964 „Costa/ENEL" getroffen. Im Jahre 1962 verstaatlichte Italien die Elektrizitätserzeugung und -versorgung und übertrug die Betriebsanlagen der Elektrizitätsgesellschaften auf die Elektrizitätswerke ENEL. Herr Costa sah sich als Aktionär der von der Verstaatlichung betroffenen Aktiengesellschaft Edison Volta um seine Dividenden gebracht und verweigerte daraufhin die Begleichung einer Stromrechnung in Höhe von 1 926 LIT. Vor dem Friedensgericht in Mailand rechtfertigte Herr Costa sein Verhalten unter anderem damit, daß das Verstaatlichungsgesetz eine Reihe von Bestimmungen des EWG-Vertrags verletzte. Das Friedensgericht hat dem EuGH Fragen zur Auslegung verschiedener Bestimmungen des EWG-Vertrags zur Vorabentscheidung vorgelegt. Im Verfahren vor dem EuGH wandte die italienische Regierung ein, das Vorabentscheidungsersuchen des Friedensgerichts sei „absolut unzulässig", weil das staatliche Gericht innerstaatliches Recht anzuwenden habe und daher eine Vorlage an dem EuGH nicht in Frage komme. Hierauf hat der EuGH unmißverständlich ausgeführt, daß

„zum Unterschied von gewöhnlichen internationalen Verträgen der EWG-Vertrag eine eigene Rechtsordnung geschaffen hat, die bei seinem Inkrafttreten in die Rechtsordnungen der Mitgliedstaaten aufgenommen worden und von ihren Gerichten anzuwenden ist. Durch die Gründung einer Gemeinschaft für unbegrenzte Zeit, die mit eigenen Organen, ... und insbesondere mit echten ... Hoheitsrechten ausgestattet ist, haben die Mitgliedstaaten, wenn auch auf einem begrenzten Gebiet, ihre Souveränitätsrechte beschränkt und so einen Rechtskörper geschaffen, der für ihre Angehörigen und sie selbst verbindlich ist".

Diese Eigenständigkeit der Gemeinschaftsrechtsordnung ist für den Bestand der EG von grundlegender Bedeutung, da nur durch sie die Aushöhlung des Gemeinschaftsrechts durch nationales Recht verhindert und die einheitliche Geltung des Gemeinschaftsrechts in allen Mitgliedstaaten gewährleistet werden kann. So werden aufgrund der Eigenständigkeit der Gemeinschaftsrechtsordnung die gemeinschaftsrechtlichen Begriffe grundsätzlich nach den Erfordernissen des Gemeinschaftsrechts und den Zielen der Gemeinschaft bestimmt. Diese gemeinschaftsspezifische Festlegung der Begriffe ist unerläßlich, da die gemeinschaftsrechtlich garantierten Rechte in Gefahr wären, wenn jeder Mitgliedstaat über die Festlegung der Begriffsinhalte den Anwendungsbereich der gemeinschaftsrechtlich garantierten Freiheiten letztendlich selbst bestimmen könnte. Als Beispiel hierfür kann etwa der Begriff des „Arbeitnehmers" angeführt werden, der die Tragweite des Freizügigkeitsrechts bestimmt. Mit seinem gemeinschaftsspezifischen Inhalt kann der Arbeitnehmerbegriff durchaus von den in den Rechtsordnungen der Mitgliedstaaten verwendeten und bekannten Begriffen abweichen.

Wie aber ist vor dem Hintergrund dieser Selbständigkeit der Gemeinschaftsrechtsordnung das Verhältnis vom Gemeinschaftsrecht zum nationalen Recht zu beschreiben?

Auch wenn das Gemeinschaftsrecht eine gegenüber den Rechtsordnungen der Mitgliedstaaten eigenständige Rechtsordnung darstellt, darf man sich dies jedoch nicht so vorstellen, daß sich die Gemeinschaftsrechtsordnung und die Rechtsordnungen der Mitgliedstaaten wie Schichten des Erdgesteins überlagern. Gegen eine solch starre Abgrenzung dieser Rechtsordnungen spricht zum einen, daß sie dieselben Menschen betreffen, die damit zu Staatsbürgern und Gemeinschaftsbürgern in einer Person werden; zum anderen ließe eine solche Betrachtungsweise unberücksichtigt, daß das Gemeinschaftsrecht nur dann lebendiges Recht werden kann, wenn es in die Rechtsordnungen der Mitgliedstaaten aufgenommen wird. In Wahrheit sind die Gemeinschaftsrechtsordnung und die nationalen Rechtsordnungen ineinander verzahnt und wechselseitig aufeinander angewiesen.

■ DAS ZUSAMMENWIRKEN VON GEMEINSCHAFTSRECHT UND NATIONALEM RECHT

Dieser Aspekt des Verhältnisses von Gemeinschaftsrecht zum nationalen Recht umfaßt diejenigen Beziehungen, in denen sich das Gemeinschaftsrecht und das nationale Recht gegenseitig ergänzen. Art. 5 EG-Vertrag umschreibt diese Beziehung sehr anschaulich mit den Worten:

„Die Mitgliedstaaten treffen alle geeigneten Maßnahmen allgemeiner und besonderer Art zur Erfüllung der Verpflichtungen, die sich aus diesem Vertrag oder aus Handlungen der Organe der Gemeinschaft ergeben. Sie erleichtern dieser die Erfüllung ihrer Aufgabe. Sie unterlassen alle Maßnahmen, welche die Verwirklichung der Ziele dieses Vertrages gefährden könnten."

Dieser allgemeine Grundsatz wurde in dem Bewußtsein formuliert, daß die Gemeinschaftsrechtsordnung allein nicht in der Lage ist, die mit der Gründung der EG verfolgten Ziele zu verwirklichen. Anders als die nationalen Rechtsordnungen bildet die Gemeinschaftsrechtsordnung kein in sich geschlossenes System, sondern sie bedarf zu ihrer Durchführung des Unterbaus nationaler Rechtsordnungen. Alle staatlichen Organe — Gesetzgebung, Regierung (einschließlich der Verwaltung), Gerichtsbarkeit — müssen deshalb zu der Erkenntnis gelangen, daß die Gemeinschaftsrechtsordnung ihnen nicht als etwas „Auswärtiges" oder „Fremdes" gegenübersteht, sondern daß die Mitgliedstaaten und Gemeinschaftsinstitutionen zur Verwirklichung gemeinsamer Ziele als ein untrennbares Ganzes solidarisch zusammengehören. Die EG ist damit nicht nur eine Interessengemeinschaft, sondern vor allem auch eine Solidargemeinschaft. Daraus folgt, daß die Gemeinschaftsverträge und die zu ihrer Durchführung von Gemeinschaftsorganen erlassenen Rechtsvorschriften von den Behörden der Mitgliedstaaten nicht nur beachtet, sondern auch durchgeführt und mit Leben erfüllt werden müssen. Dieses Zusammenwirken des Gemeinschaftsrechts und des nationalen Rechts ist so vielgestaltig, daß es hier nur anhand einiger wichtiger Beispiele verdeutlicht werden kann:

Ausdruck der engen Verbindung und Ergänzung der Gemeinschaftsrechtsordnung durch die nationalen Rechtsordnungen und umgekehrt der nationalen Rechtsordnungen durch die Gemeinschaftsrechtsordnung ist zunächst das *System der Richtlinie,* das uns bereits bei den Rechtshandlungen begegnet ist. Während die Richtlinie selbst nur das zu erreichende Ergebnis in einer für die Mitgliedstaaten verbindlichen Form festlegt, bleibt es den innerstaatlichen Stellen, d. h. dem nationalen Recht überlassen, in welcher Form und mit welchen Mitteln dieses Ziel verwirklicht wird. Im Bereich der *Gerichtsbarkeiten* wird eine enge Verbindung durch das Vorabentscheidungsverfahren nach Art. 177 EG-Vertrag hergestellt. In diesem Verfahren können (müssen) die nationalen Gerichte dem EuGH Fragen zur Auslegung und Gültigkeit des Gemeinschaftsrechts zur Vorabentscheidung vorlegen, die in den bei ihnen anhängigen Verfahren entscheidungserheblich sein können. Das Vorabentscheidungsverfahren verdeutlicht zum einen, daß auch die Gerichte der Mitgliedstaaten das Gemeinschaftsrecht zu beachten und anzuwenden haben und zum anderen, daß die Auslegung und die Beurteilung der Gültigkeit des Gemeinschaftsrechts in die ausschließliche Zuständigkeit des EuGH fällt. Die gegenseitige Abhängigkeit der Gemeinschaftsrechtsordnung und der nationalen Rechtsordnungen zeigt sich schließlich auch dann, wenn es darum geht, *Lücken in der Gemeinschaftsrechtsordnung* zu schließen. Dies geschieht etwa dadurch, daß das Gemeinschaftsrecht zur Vervollständigung eigener Regeln auf die jeweils bereits in den mitgliedstaatlichen Rechtsordnungen bestehenden rechtlichen Regelungen verweist. Das Schicksal einer gemeinschaftsrechtlichen Regelung wird damit von einem bestimmten Punkt an von den jeweiligen nationalen Rechtsvorschriften bestimmt. Ausdrücklich bestimmt dies etwa Art. 192 Abs. 2 EG-Vertrag für die Vollstreckung von Geldforderungen, wo es heißt: „Die Entscheidungen des Rates oder der Kommission, die eine Zahlung auferlegen, sind vollstreckbare Titel. Die Zwangsvollstreckung erfolgt nach den Vorschriften des Staates, in dessen Hoheitsgebiet sie stattfindet." Allgemein gilt dies darüber hinaus aber für den gesamten Vollzug von Gemeinschaftsrecht, sofern das Gemeinschaftsrecht keine eigenen Regeln betreffend den Vollzug des Gemeinschaftsrechts aufstellt. In allen diesen Fällen gehen die nationalen Behörden bei der Durchführung der Gemeinschaftsregelungen nach den formellen und materiellen Bestimmungen des nationalen Rechts vor. Dieser Grundsatz gilt freilich nur insoweit, als dabei den Erfordernissen der einheitlichen Anwendung des Gemeinschaftsrechts Rechnung getragen wird, da in jedem Fall zu vermeiden ist, daß Wirtschaftsteilnehmer nach unterschiedlichen Maßstäben und damit ungerecht behandelt werden.

■ KOLLISION ZWISCHEN GEMEINSCHAFTSRECHT UND NATIONALEM RECHT

Das Verhältnis zwischen Gemeinschaftsrecht und nationalem Recht ist aber auch dadurch gekennzeichnet, daß sich die Gemeinschaftsrechtsordnung und die nationalen Rechtsordnungen gelegentlich „feindlich" gegenüberstehen. Man spricht insoweit von einer *Kollision* zwischen Gemeinschaftsrecht und nationalem Recht. Eine derartige Situation tritt immer dann auf, wenn eine Bestimmung des Gemeinschaftsrechts für die Gemeinschaftsbürger unmittelbare Rechte und Pflichten begründet und inhaltlich mit einer Norm des nationalen Rechts in Widerspruch steht. Hinter dieser scheinbar so einfachen Problemlage verbergen sich zwei Grundsatzfragen des Aufbaus der EG, deren Beantwortung zum Prüfstein der Existenz der Gemeinschaftsrechtsordnung werden sollte:

— die unmittelbare Anwendbarkeit des Gemeinschaftsrechts und

— der Vorrang des Gemeinschaftsrechts vor entgegenstehendem nationalem Recht.

Die unmittelbare Anwendbarkeit des Gemeinschaftsrechts

Die *unmittelbare Anwendbarkeit* des Gemeinschaftsrechts besagt zunächst nur, daß das Gemeinschaftsrecht neben den Gemeinschaftsorganen und den Mitgliedstaaten auch den Gemeinschaftsbürgern unmittelbar Rechte verleiht und Pflichten auferlegt.

Mit dieser Aussage allein ist freilich noch nicht viel gewonnen, denn es bleibt dabei offen, welchen Vorschriften des Gemeinschaftsrechts diese Wirkung zukommt. Die Gemeinschaftsverträge geben hierzu nur in bezug auf das sekundäre (von den Organen beschlossene) Gemeinschaftsrecht Auskunft. So heißt es in Artikel 189 Absatz 2 EGV, daß die Verordnung „unmittelbar in jedem Mitgliedstaat" gilt.

Es ist eine der herausragenden Leistungen des Gerichtshofes der EG, die unmittelbare Anwendung der Vorschriften des Gemeinschaftsrechts gegen den anfänglichen Widerstand einiger Mitgliedstaaten durchgesetzt und damit die Existenz der Gemeinschaftsrechtsordnung gesichert zu haben. Ausgangspunkt seiner Rechtsprechung war ein ganz alltäglicher Fall, der jedoch in die Annalen der Rechtsprechung des Gerichtshofes eingehen sollte. In diesem Rechtsstreit klagte das niederländische Transportunternehmen *„Van Gend & Loos"* vor einem niederländischen Gericht gegen die niederländische Zollverwaltung, die für die Einfuhr eines chemischen Erzeugnisses aus der Bundesrepublik Deutschland einen erhöhten Zoll erhoben hatte. Das Unternehmen sah in dieser Praxis einen Verstoß gegen Artikel 12 EWGV, der den Mitgliedstaaten die Einführung neuer und die Erhöhung bestehender Zölle im Gemeinsamen Markt verbot. Der Ausgang dieses Rechtsstreits hing letztlich von der Frage ab, ob sich auch der einzelne gegenüber einem vertragswidrig erhobenen Zoll auf Artikel 12 EWGV berufen kann. Da die Beantwortung dieser Frage eine Auslegung des EWG-Vertrages erforderte, setzte das nie-

derländische Gericht das Verfahren aus und rief den Gerichtshof der EG an. Der Gerichtshof hat gegen den Rat zahlreicher Regierungen und seines Generalanwalts entschieden, daß alle diejenigen Normen der Gründungsverträge für den einzelnen unmittelbar anwendbar sein können, die unbedingt formuliert, in sich vollständig und rechtlich vollkommen sind und deshalb zu ihrer Erfüllung oder Wirksamkeit keiner weiteren Handlungen der Migliedstaaten oder der Kommission bedürfen. Dies wurde für Artikel 12 EWGV bejaht, so daß auch das Unternehmen Van Gend & Loos aus dieser Vorschrift Rechte ableiten konnte, welche das niederländische Gericht zu wahren hatte und folgerichtig den vertragswidrig erhobenen Zoll für ungültig erklärte. Zur Begründung führte der Gerichtshof aus, „daß die Gemeinschaft eine neue Rechtsordnung darstellt..., eine Rechtsordnung, deren Rechtssubjekte nicht nur die Mitgliedstaaten, sondern auch die einzelnen sind." Das von der Gesetzgebung der Mitgliedstaaten unabhängige Gemeinschaftsrecht soll daher den einzelnen, ebenso wie es ihnen Pflichten auferlegt, auch Rechte verleihen. Solche Rechte entstehen nicht nur, wenn der Vertrag dies ausdrücklich bestimmt, sondern auch aufgrund von eindeutigen Verpflichtungen, die der Vertrag den einzelnen wie auch den Mitgliedstaaten und den Organen der Gemeinschaft auferlegt."

Diese Rechtsprechung hat der Gerichtshof später auch für Vorschriften des EWG-Vertrages weitergeführt, die für den Gemeinschaftsbürger von weit größerer Bedeutung sind als Artikel 12 EWGV. Hervorzuheben sind drei Urteile, in denen es um die unmittelbare Anwendung der Artikel 48 (Freizügigkeit), Artikel 52 (Niederlassungsfreiheit) und Artikel 59 (Dienstleistungsfreiheit) ging.

Für die Garantien des Artikels 48 EWGV hat der Gerichtshof die unmittelbare Anwendbarkeit in der Rechtssache *van Duyn* entschieden. Dieser Rechtssache lag folgender Sachverhalt zugrunde: Der Niederländerin van Duyn war im Mai 1973 die Genehmigung zur Einreise in das Vereinigte Königreich versagt worden, weil sie als Sekretärin bei der „Church of Scientology" arbeiten wollte, einer Schule, die vom britischen Innenministerium für „sozialgefährlich" betrachtet wurde. Unter Berufung auf die Vorschriften des Gemeinschaftsrechts über die Freizügigkeit der Arbeitnehmer, insbesondere auf Artikel 48 EWGV, erhob Fräulein van Duyn Klage vor dem High Court. Sie beantragte, der High Court möge feststellen, daß sie berechtigt sei, sich zur Ausübung unselbständiger Arbeit im Vereinigten Königreich aufzuhalten, und einen Anspruch auf eine Erlaubnis zur Einreise in das Vereinigte Königreich habe. Auf die Vorlage des High Court antwortete der Gerichtshof der EG, daß Artikel 48 EWGV unmittelbar anwendbar sei und damit auch Einzelpersonen ein Recht verleihe, das sie vor den Gerichten eines Mitgliedstaats geltend machen können.

Der Gerichtshof der EG wurde mit der Frage der unmittelbaren Anwendbarkeit von Artikel 52 EWGV durch den belgischen Conseil d'État befaßt. Dieser hatte sich mit einer von dem niederländischen Rechtsanwalt *J. Reyners* eingereichten Klage auseinanderzusetzen, in der dieser sich auf seine Rechte aus Artikel 52 EWGV berief. Herr Reyners sah sich zu dieser Klage veranlaßt, nachdem ihm — obwohl er die notwendigen belgischen Prüfungen absolviert hatte — die Zulassung als Rechtsanwalt in Belgien wegen seiner Ausländereigenschaft verweigert worden war. In seinem Urteil vom 21. Juli 1974 hat der Gerichtshof in dieser Rechtssache entschieden, daß eine Ungleichbehandlung von Inländern und Ausländern in der Frage der Niederlassung nicht mehr beibehalten werden dürfe, da Artikel 52 EWGV seit dem Ablauf der Übergangszeit unmittelbar anwendbar sei und damit den Gemeinschaftsbürgern das Recht einräume, auch in einem anderen Mitgliedstaat wie ein Inländer eine Erwerbstätigkeit aufzunehmen und auszuüben. Herr Reyners mußte aufgrund dieses Urteils zur belgischen Anwaltschaft zugelassen werden.

Dem Gerichtshof bot sich in der Rechtssache *Van Binsbergen* die Gelegenheit, auch die unmittelbare Anwendbarkeit des Artikels 59 EWGV ausdrücklich festzustellen. Es ging in diesem Verfahren u. a. um die Frage, ob eine niederländische Rechtsvorschrift, nach der vor einem Berufungsgericht nur in den Niederlanden ansässige Personen als Prozeßbevollmächtigte auftreten können, mit den gemeinschaftsrechtlichen Bestimmungen der Dienstleistungsfreiheit vereinbar ist. Der Gerichtshof verneinte diese Frage mit der Begründung, daß alle Beschränkungen, denen der Gemeinschaftsbürger aus Gründen seiner Staatsangehörigkeit oder seines Aufenthalts unterworfen würde, gegen Artikel 59 EWGV verstießen und damit nichtig seien.

Von den zahlreichen weiteren Vertragsbestimmungen, für die der Gerichtshof die unmittelbare innerstaatliche Anwendbarkeit bejaht hat, sind noch hervorzuheben: Artikel 30 EWGV, der die Freiheit des Warenverkehrs sicherstellt, und Artikel 119 EWGV, der die Lohngleichheit für Männer und Frauen garantiert.

Seit dem Jahre 1970 hat der Gerichtshof seine Grundsätze über die unmittelbare Anwendbarkeit auch auf Bestimmungen in Richtlinien und an Staaten gerichtete Entscheidungen ausgedehnt. Dies erscheint folgerichtig, wenn auch das Vertragsrecht unmittelbar für die Gemeinschaftsbürger gelten kann, obwohl es in erster Linie die Mitgliedstaaten anspricht.

Die Direktwirkung des Gemeinschaftsrechts in der Form, wie sie vom Gerichtshof fruchtbar gemacht und ausgebaut worden ist, kann in ihrer praktischen Bedeutung kaum überschätzt werden: Sie verbessert die Stellung des einzelnen, indem sie die Freiheiten des Gemeinsamen Marktes zu Rechten ausgestaltet, die er vor den nationalen Gerichten durchsetzen kann. Die unmittelbare Anwendbarkeit des Gemeinschaftsrechts wird damit gleichsam zu einer der Säulen der Gemeinschaftsrechtsordnung.

Der Vorrang des Gemeinschaftsrechts

Die unmittelbare Anwendbarkeit einer Bestimmung des Gemeinschaftsrechts führt zu einer zweiten, ebenso grundlegenden Frage: Was geschieht, wenn eine Vorschrift des Gemeinschaftsrechts für die Gemeinschaftsbürger unmittelbare Rechte und Pflichten begründet und inhaltlich zu einer Norm des nationalen Rechts in Widerspruch steht?

Ein solcher Konflikt zwischen Gemeinschaftsrecht und nationalem Recht ist nur zu lösen, wenn eine der beiden Rechtsordnungen zurücktritt. Das geschriebene Gemeinschaftsrecht enthält insoweit keine ausdrückliche Regelung. In keinem der Gemeinschaftsverträge ist etwa eine Vorschrift enthalten, die besagt, daß das Gemeinschaftsrecht nationales Recht bricht oder daß es dem nationalen Recht nachsteht. Dennoch läßt sich die Kollision zwischen Gemeinschaftsrecht und nationalem Recht nur dahin gehend lösen, daß dem Gemeinschaftsrecht der *Vorrang* vor dem nationalen Recht eingeräumt wird und es damit alle nationalen Vorschriften, die von einer Gemeinschaftsvorschrift abweichen, verdrängt und deren Platz in den nationalen Rechtsordnungen einnimmt. Denn was würde von der Gemeinschaftsrechtsordnung bleiben, wollte man das Gemeinschaftsrecht dem nationalen Recht unterordnen? Beinahe nichts! Die gemeinschaftsrechtlichen Vorschriften könnten durch jedes beliebige innerstaatliche Gesetz aufgehoben werden. Von einer einheitlichen und gleichmäßigen Geltung des Gemeinschaftsrechts in *allen* Mitgliedstaaten könnte nicht mehr die Rede sein. Auch wäre es der EG unmöglich, die ihr von den Mitgliedstaaten übertragenen Aufgaben zu erfüllen. Die Funktionsfähigkeit der Gemeinschaft wäre in Frage gestellt, und der von großen Hoffnungen getragene Aufbau eines Vereinigten Europas wäre zerstört.

Wieder war es der Gerichtshof der EG, der angesichts dieser Folgen den für die Existenz der Gemeinschaftsrechtsordnung unumgänglichen *Grundsatz des Vorrangs des Gemeinschaftsrechts* gegen den Widerstand einiger Mitgliedstaaten durchgesetzt hat. Er hat damit der Gemeinschaftsrechtsordnung neben der unmittelbaren Anwendbarkeit den zweiten Pfeiler errichtet, der diese Rechtsordnung letztlich zu einem tragfähigen Gebäude werden ließ.

In der bereits vorgestellen Rechtssache „Costa/ENEL" hat der Gerichtshof zwei für das Verhältnis des Gemeinschaftsrechts zum nationalen Recht bedeutsame Feststellungen getroffen:

Erstens: Die Staaten haben Hoheitsrechte endgültig auf das von ihnen geschaffene Gemeinwesen übertragen. Dies können sie durch spätere einseitige, mit dem Gemeinschaftsbegriff unvereinbare Maßnahmen nicht rückgängig machen.

Zweitens: Es ist ein Grundsatz des Vertrages, daß kein Mitgliedstaat die Eigenart des Gemeinschaftsrechts antasten kann, im gesamten Bereich der Gemeinschaft einheitlich und vollständig zu gelten.

Aus alledem folgt: Gemeinschaftsrecht, welches den Befugnissen der Verträge entsprechend gesetzt wurde, geht jedem entgegenstehenden Recht der Mitgliedstaaten vor. Es ist nicht nur stärker als das frühere nationale Recht, sondern entfaltet eine Sperrwirkung auch gegenüber später gesetztem Recht.

Im Ergebnis hat der Gerichtshof der EG mit seinem Urteil zwar nicht die Verstaatlichung der italienischen Elektrizitätswirtschaft in

Frage gestellt, aber ganz entschieden den Vorrang des Gemeinschaftsrechts vor dem nationalen Recht festgestellt.

An dieser Feststellung hat der Gerichtshof seitdem in ständiger Rechtsprechung festgehalten. In einem Punkt hat er sie freilich weiterentwickelt. Während er sich in dem eben genannten Urteil lediglich mit der Frage des Vorrangs des Gemeinschaftsrechts vor innerstaatlichen Gesetzen zu befassen hatte, bestätigte er den Grundsatz des Vorrangs auch für das Verhältnis zwischen Gemeinschaftsrecht und innerstaatlichem *Verfassungsrecht.* Die *nationalen Gerichte* sind der Auffassung des Gerichtshofes der EG nach anfänglichem Zögern im Grundsatz gefolgt. In den Niederlanden konnten ohnehin keine Schwierigkeiten auftreten, da in der niederländischen Verfassung der Vorrang des Vertragsrechts gegenüber dem nationalen Gesetzesrecht ausdrücklich niedergelegt ist (Art. 65 bis 67). In den anderen Mitgliedstaaten ist der Grundsatz des Vorrangs des Gemeinschaftsrechts ebenfalls gegenüber den einfachen nationalen Gesetzen von den nationalen Gerichten anerkannt worden.

Der Vorrang des Gemeinschaftsrechts vor dem nationalen Verfassungsrecht, und hier vor allem vor den nationalen Grundrechtsgewährleistungen, stieß hingegen bei den Verfassungsgerichten der Bundesrepublik Deutschland und der Italienischen Republik anfangs auf Widerstand. Dieser wurde erst aufgegeben, nachdem der Grundrechtsschutz in der Gemeinschaftsrechtsordnung einen Standard erreicht hatte, der im wesentlichen dem der nationalen Verfassungen entspricht. Seit dieser Zeit wird der Vorrang des Gemeinschaftsrechts, auch im Hinblick auf das nationale Verfassungsrecht, allgemein anerkannt.

SCHLUSSBETRACHTUNG

Welches Gesamtbild läßt sich nun von dem Aufbau der Europäischen Gemeinschaft und ihrer Rechtsordnung zeichnen?

Die Europäischen Gemeinschaften besitzen ein relativ einheitliches Ordnungskonzept: ihre Verfassung. Entscheidend dafür war nicht nur der vergleichbare wirtschaftliche Entwicklungsstand der Gründerstaaten, sondern auch ihr weitreichender Konsens über die Methoden und Ziele der Einigung Europas: Vergleichbare Wertvorstellung und ein vorhandenes Leitbild waren ausschlaggebend für das gewählte Verfassungssystem.

Die Rechtsordnung ist das eigentliche Fundament der EG und verleiht dieser den Charakter einer *Rechtsgemeinschaft.* Nur über den Weg der Schaffung neuen Rechts und seiner Bewahrung können die Ziele, die mit der Errichtung der EG verfolgt werden, verwirklicht werden. Die Gemeinschaftsrechtsordnung hat dazu bereits Großes geleistet. Es ist nicht zuletzt dieser neuen Rechtsordnung zu verdanken, daß die im wesentlichen offenen Grenzen, der hohe Waren- und Dienstleistungsaustausch, die Wanderung der Arbeitskräfte und die hohe Zahl der grenzüberschreitenden Unternehmensverflechtungen den Gemeinsamen Markt für annähernd 360 Millionen Menschen bereits zum Alltag haben werden lassen. Ein weiteres heute schon historisches Merkmal der Gemeinschaftsrechtsordnung ist ihre friedenstiftende Kraft. Getragen von dem Ziel, Frieden und Freiheit zu wahren, ersetzt sie die Gewalt als Mittel zur Konfliktlösung durch Regeln des Rechts, die sowohl die einzelnen als auch die Mitgliedstaaten in eine Solidargemeinschaft einbinden. Die Gemeinschaftsordnung wird damit zu einem wichtigen Instrument zur Friedenssicherung und Friedensgestaltung.

Die Gemeinschaftsrechtsordnung und die von ihr getragene Rechtsgemeinschaft können nur überleben, wenn Einhaltung und Sicherung der Rechtsordnung gewährleistet sind. Garant dafür sind die beiden Eckpfeiler der Gemeinschaftsrechtsordnung: die unmittelbare Anwendbarkeit des Gemeinschaftsrechts und der Vorrang des Gemeinschaftsrechts vor nationalem Recht. Diese beiden Grundsätze, deren Existenz und Aufrechterhaltung vom Gerichtshof der EG mit großer Entschlossenheit verfochten werden, garantieren die einheitliche und vorrangige Geltung des Gemeinschaftsrechts in allen Mitgliedstaaten.

Bei aller Unvollkommenheit, die für die Rechtsordnung der EG ebenfalls kennzeichnend ist, bleibt der Beitrag, den die Gemeinschaftsrechtsordnung zur Lösung der politischen, wirtschaftlichen und sozialen Probleme der Mitgliedstaaten der EG zu leisten vermag, von unschätzbarem Wert.

RECHTSPRECHUNG

■ RECHTSNATUR UND VORRANG DES GEMEINSCHAFTSRECHTS

Rs 26/62 — Van Gend & Loos — Slg. 1963, 1-61 (Rechtsnatur des Gemeinschaftsrechts; Rechte und Pflichten des einzelnen)

Rs 6/64 — Costa/ENEL — Slg. 1964, 1251-1306 (Rechtsnatur des Gemeinschaftsrechts; unmittelbare Anwendbarkeit, Vorrang des Gemeinschaftsrechts)

Rs 14/68 — Walt Wilhelm u. a. — Slg. 1969, 1 (Rechtsnatur des Gemeinschaftsrechts; Vorrang des Gemeinschaftsrechts)

Rs 106/77 — Simmenthal — Slg. 1978, 629-658 (Gemeinschaftsrecht; unmittelbare Anwendbarkeit; Vorrang)

Rs 826/79 — Mireco — Slg. 1980, 2559 (Vorrang des Gemeinschaftsrechts)

Rs 104/86 — Kommission/Italien — Slg. 1988, 1813 (Gemeinschaftsrecht; unmittelbare Anwendbarkeit)

Rs 170/88 — Ford España — Slg. 1989, 2339 (Konflikt zwischen Gemeinschaftsrecht und nationalem Recht, unmittelbare Anwendbarkeit und Vorrang des Gemeinschaftsrechts)

Rs C-213/89 — Factortame — Slg. 1990, I-2466 (Unmittelbare Anwendbarkeit und Vorrang des Gemeinschaftsrechts)

Rs C-6 u. 9/90 — Francovich u. Bonifaci — Slg. 1991, I-5403 (Wirksamkeit des Gemeinschaftsrechts, Haftung der Mitgliedstaaten für Verletzungen des Gemeinschaftsrechts, hier: Nichtumsetzung einer Richtlinie)

Rs C-13 u. 113/91 — Debus — Urt. v. 4. Juni 1992 (Konflikt zwischen Gemeinschaftsrecht und nationalem Recht, unmittelbare Anwendbarkeit und Vorrang des Gemeinschaftsrechts)

■ ZUSTÄNDIGKEIT DER EG

Rs 8/55 — Fédéchar — Slg. 1955/56, 291-312 (aus der Natur der Sache herrührende Befugnisse; hoheitliche Preisfestsetzung)

Rs 22/70 — AETR — Slg. 1971, 263-295 (Rechtspersönlichkeit und Vertragsschlußkompetenz der EG)

Rs 6/76 — Kramer — Slg. 1976, 1279-1331 (Außenbeziehungen; völkerrechtliche Verpflichtungen; Zuständigkeit der EG)

Gutachten 1/76 — Slg. 1977, 759 ff. (Außenbeziehungen; völkerrechtliche Verpflichtungen; Zuständigkeit der EG)

Gutachten 1/78 — Slg. 1979, 2871 (Verteilung der Zuständigkeiten zwischen der EG und den Mitgliedstaaten)

Rs C-51, 90 u. 94/89 — Vereinigtes Königreich u. a./Rat — Slg. 1991, I-2786 (Subsidiäre Handlungsermächtigung, Tragweite)

Gutachten 2/91 vom 19. März 1993 (Verteilung der Zuständigkeiten zwischen der EG und den Mitgliedstaaten)

■ WIRKUNGEN DER RECHTSHANDLUNGEN

Rs 43/71 — Politi — Slg. 1971, 1039-1057 (Verordnungen; unmittelbare Wirkungen)

Rs 34/73 — Variola — Slg. 1973, 981 (Verordnungen; unmittelbare Wirkungen)

Rs 65/75 — Tasca — Slg. 1976, 291 (Verordnungen; unmittelbare Wirkungen)

Rs 31/78 — Bussone — Slg. 1978, 2429 (Verordnungen; unmittelbare Wirkungen)

Rs 177/78 — Pigs and Bacon — Slg. 1979, 2161 (Verordnungen; unmittelbare Wirkungen)

Rs 2/74 — Reyners — Slg. 1974, 631-670 (unmittelbare Anwendbarkeit; Niederlassungsfreiheit)

Rs 11/77 — Hugh Patrick — Slg. 1977, 1199 (unmittelbare Anwendbarkeit; Niederlassungsrecht)

Rs 33/74 — van Binsbergen — Slg. 1974, 1299-1321 (unmittelbare Anwendbarkeit; Dienstleistungsverkehr)

Rs 41/74 — van Duyn — Slg. 1974, 1337-1360 (unmittelbare Anwendbarkeit; Freizügigkeit)

Rs 9/70 — Grad — Slg. 1970, 825-858 (Entscheidungen; unmittelbare Anwendbarkeit)

Rs 20/70 — Transports Lesage & Cie — Slg. 1970, 861 (Entscheidungen; unmittelbare Anwendbarkeit)

Rs 33/70 — SACE — Slg. 1970, 1213-1231 (Richtlinien; unmittelbare Anwendbarkeit)

Rs 148/78 — Ratti — Slg. 1979, 1629 (Richtlinien; unmittelbare Anwendbarkeit)

Rs 70/83 — Kloppenburg — Slg. 1984, 1075 (Richtlinien; unmittelbare Anwendbarkeit)

Rs 152/84 — Marshall — Slg. 1986, 723 (Richtlinien; unmittelbare Anwendbarkeit)

Rs 31/87 — Beentjes — Slg. 1988, 4652 (Richtlinien; unmittelbare Anwendbarkeit)

Rs 103/88 — Costanzo — Slg. 1989, 1861 (Richtlinien, unmittelbare Anwendbarkeit, Voraussetzungen, Folgen)

Rs 322/88 — Grimaldi — Slg. 1989, 4416 (Empfehlungen, (fehlende) unmittelbare Anwendbarkeit, Berücksichtigung durch nationales Gericht)

Rs C-188/89 — Foster — Slg. 1990, I-3343 (Richtlinien, horizontale Direktwirkung)

Rs C-221, 88 — Busseni — Slg. 1990, I-519 (EGKS-Empfehlung/Richtlinie, vertikale Direktwirkung)

Rs C-292/89 — Antonissen — Slg. 1991, I-773 (Protokollerklärung des Ministerrates, Berücksichtigung bei der Auslegung)

Rs C-156/91 — Hansa Fleisch — Urt. v. 10. November 1992 (Entscheidungen, unmittelbare Anwendbarkeit, Bedingungen)

■ GRUNDRECHTE

Rs 29/69 — Stauder — Slg. 1969, 419-430 (Grundrechte; allgemeine Rechtsgrundsätze)

Rs 11/70 — Internationale Handelsgesellschaft — Slg. 1970, 1125-1160 (Grundrechte; allgemeine Rechtsgrundsätze)

Rs 166/73, 146/73 — Rheinmühlen I, II — Slg. 1974, 33-49 und 139-152 (Bindung des innerstaatlichen Richters an übergeordnete Gerichtsentscheidungen)

Rs 4/73 — Nold — Slg. 1974, 491-516 (Grundrechte; allgemeine Rechtsgrundsätze; gemeinsame Verfassungsüberlieferungen)

Rs 36/75 — Rutili — Slg. 1975, 1219-1244 (Gleichbehandlung; Bezugnahme auf die EMRK)

Rs 175/73 — Gewerkschaftsbund Europäischer Öffentlicher Dienst — Slg. 1974, 917, 925 (Vereinigungsfreiheit)

Rs 130/75 — Prais — Slg. 1976, 1589, 1599 (Religions- und Bekenntnisfreiheit)

Rs 117/76 — Quellmehl — Slg. 1977, 1753, 1770 f. (Gleichheitsgrundsatz)

Rs 149/77 — Defrenne — Slg. 1978, 1381 (Grundrechte; allgemeine Rechtsgrundsätze)

Rs 44/79 — Hauer — Slg. 1979, 3727 (Grundrechte; Eigentumsrecht)

Rs 85/79 — Hoffmann-La Roche — Slg. 1979, 461 (Grundrechte; Grundsatz des rechtlichen Gehörs)

Rs 154, 205, 206, 227-228, 263 et 264/78 — Valsabbia — Slg. 1980, 1010 (Grundrechte, Eigentumsrecht)

Rs 293/83 — Gravier — Slg. 1985, 593 (Gleichbehandlung; Studiengebühren)

Rs 234/85 — Keller — Slg. 1986, 2897 (Berufsfreiheit)

Rs 12/86 — Demirel — Slg. 1987, 3719 (Grundrechtsschutz; Menschenrechtskonvention)

Rs 46/87 u. 227/88 — Hoechst — Slg. 1989, 2919 (Grundrechte, Grundsatz des rechtlichen Gehörs, Verwaltungsverfahren, Unverletzlichkeit der Wohnung)

Rs 374/87 — Orkem — Slg. 1989, 3343 (Grundrechte, Grundsatz des rechtlichen Gehörs, Ermittlungsverfahren)

Rs 265/87 — Schräder — Slg. 1989, 2263 (Eigentumsrecht, Berufsfreiheit, Einschränkungen)

Rs 100/88 — Oyowe u. Traore — Slg. 1989, 4304 (Grundrechte, Meinungsäußerungsfreiheit)

Rs 5/88 — Wachauf — Slg. 1989, 2633 (Einschränkbarkeit der Grundrechte)

Rs C-62/90 — Kommission/Deutschland — Urt. v. 8. April 1992 (Grundrechte, Beachtung durch die Mitgliedstaaten, Einschränkung aus Gründen des Allgemeininteresses)

Rs C-219/91 — Ter Voort — Urt. v. 28. Oktober 1992 (Meinungsäußerungsfreiheit)

Rs C-97/91 — Borelli — Urt. v. 3. Dezember 1992 (Grundrechte, Rechtsweggarantie)

Rs C-357/89 — Raulin — Urt. v. 26. Februar 1992 (Gleichbehandlungsgebot, Verbot jeglicher Diskriminierung aus Gründen der Staatsangehörigkeit)

■ ALLGEMEINE RECHTSGRUNDSÄTZE (AUSWAHL)

Rechtssicherheit

Rs 18 und 35/65 — Gutmann — Slg. 1966, 103, 149 ff.

Rs 78/74 — Deuka — Slg. 1975, 421

Rs 98/78 — Racke — Slg. 1979, 69

Rs 96/78 — Decker — Slg. 1979, 101

Rs 265/78 — Ferwerda — Slg. 1980, 617

Rs 61/79 — Denkavit — Slg. 1980, 1205

Rs 66, 127 und 128/79 — Salumi — Slg. 1980, 1237

Rs 826/79 — Mireco — Slg. 1980, 2559

Rs 70/83 — Kloppenburg — Slg. 1984, 1075

Rs 92 u. 93/87 — Kommission/Frankreich und Vereinigtes Königreich — Slg. 1989, 437

Rs 257/86 — Kommission/Italien — Slg. 1988, 3263

Verhältnismäßigkeit

Rs 114/76 — Bela-Mühle — Slg. 1977, 1211

Rs 116/76 — Granaria — Slg. 1977, 1247

Rs 8/77 — Sagulo — Slg. 1977, 1495

Rs 122/78 — Buitoni — Slg. 1979, 677

Rs 154/78 — Valsabbia — Slg. 1980, 907

Rs 808/79 — Pardini — Slg. 1980, 2103

Rs 125/83 — Corman — Slg. 1985, 3039

Rs 181/84 — Man Sugar — Slg. 1985, 2889

Rs 21/85 — Maas — Slg. 1986, 3537

Rs 265/87 — Schräder — Slg. 1989, 2263

Rs C-8/89 — Zardi — Slg. 1990, I-2529

Rs C-331/88 — Fedesa — Slg. 1990, I-4057

Vertrauensschutz

Rs 74/74 — CNTA — Slg. 1975, 533

Rs 97/76 — Merkur — Slg. 1977, 1077

Rs 78/77 — Lührs — Slg. 1978, 169

Rs 90/77 — Stimming — Slg. 1978, 995

Rs 12/77, 18/77 und 21/77 — Debayser — Slg. 1978, 553

Rs 205-215/82 — Deutsche Milchkontor — Slg. 1983, 2633

Rs 120/86 — Mulder — Slg. 1988, 2344

Rs 170/86 — von Deetzen — Slg. 1988, 2368

Rs 316/88 — Krücken — Slg. 1988, 2233

Rs C-350/88 — Delacre — Slg. 1990, I-418

BIBLIOGRAPHISCHE HINWEISE

■ VERÖFFENTLICHUNGEN DER EG

□ ***Das Gemeinschaftsrecht.***
Auszug aus dem 17. Gesamtbericht über die Tätigkeit der Europäischen Gemeinschaften 1983 (Sonderdruck). EGKS, EWG, EAG, Kommission, Luxemburg: EG 1967 (1968) — 1982 (1983)

Louis, Jean-Victor, 1990:
□ ***Die Rechtsordnung der Europäischen Gemeinschaften.***
2., neu bearbeitete Auflage, Sammlung Europäische Perspektiven, Luxemburg, Amt für amtliche Veröffentlichungen der Europäischen Gemeinschaften, 228 S.

□ ***Dreißig Jahre Gemeinschaftsrecht.***
Europäische Perspektiven. EG, Kommission, Luxemburg: EG, XXV, 1982

■ ANDERE VERÖFFENTLICHUNGEN

Alves, J. J.:
□ ***Lições de direito comunitário.***
2 vol., Coimbra, Coimbra Editora, 1989, 1992, 470 + 334 pp.

Audretsch, H. A. H.:
□ ***Supervision in European Community law. Observance by the Member States of their treaty obligations.***
A treatise on international and supranational supervision (2nd ed.), Amsterdam, North Holland, 1986, xx, 782 pp.

Barav, A. (Edited by):
□ ***Commentary on the EEC Treaty and the Single European Act.***
Oxford, Clarendon Press, 1993, 900 pp.

Berr, Boulouis et autres:
□ ***Études de droit des Communautés européennes.***
Mélanges offerts à Pierre-Henri Teitgen, Paris Pedone, 1984, XXIV, 527 p.

Beutler, Bengt; Bieber, Roland; Pipkorn, Jörn; Streil, Jochen:
□ ***Die Europäische Gemeinschaft — Rechtsordnung und Politik.***
3. Auflage, Baden-Baden, Nomos, 1987, 587 S.

Bieber, Roland; Ress, Georg (Hrsg.):
□ ***Die Dynamik des Europäischen Gemeinschaftsrechts.***
Baden-Baden, Nomos, 1987, 587 S.

Bieber-Schwarze:
□ ***Verfassungsentwicklung in der Europäischen Gemeinschaft.***
Baden-Baden, 1984

Bleckmann, Albert:
□ ***Europarecht — Das Recht der Europäischen Wirtschaftsgemeinschaft.***
5. Auflage, Köln, Heymann, 1990, 917 S.

Brinkhorst, L. J. — Barents, R.:
□ ***Grondlijnen van Europees recht.***
5de druk, Alphen aan den Rijn (etc.) Samsom H.D. Tjeenk Willink, 1990, 222 blz.

Boulouis, J.:
□ ***Grands arrêts de la Cour de Justice des Communautés européennes.***
Tome 1: Caractères généraux du droit communautaire, droit institutionnel, contrôle juridictionnel. 5e éd., 1991, 470 p.
Tome 2: Libre circulation des marchandises des personnes, des services et des capitaux Concurrence. Dispositions fiscales. Agriculture, Transports, Politiques économique, commerciale, sociale.
3e éd., Dalioz, Paris, 1991, 511 p.

Boulouis, Jean:
☐ ***Droit institutionnel des Communautés européennes.***
4e édition, Montchrestien, Paris, 1993

Bredimas, Anna:
☐ ***Methods of interpretation and Community law.***
European Studies in law, Amsterdam, North Holland, 1978, xviii, 219 pp.

Cappelletti, Mauro; Seccombe, Monica; Weiler, Joseph (Edited by):
☐ ***Integration through Law. Europe and the American Federal Experience.***
3 vols, Berlin/New York, De Gruyter, 1986

Cartou, Louis:
☐ ***Communautés européennes.***
9e édition, Dalloz, Paris, 1989, xxii, 808 p.

Constantinesco, Leontin-Jean:
☐ ***Das Recht der Europäischen Gemeinschaften.***
Band 1: Das institutionelle Recht, Baden-Baden, Nomos, 1977, 922 S.

Constantinesco, V. e.a.:
☐ ***Traité instituant la CEE. Commentaire par articles.***
Economica, Paris, 1992, 1648 p.

Deuses, Manfred (Hrsg.):
☐ **Handbuch des EG-Wirtschaftsrechts.**
München, C. H. Beck, Loseblattsammlung, 1993

Deniau, Jean-François:
☐ ***Le marché commun.***
14e édition, PUF, Paris, 1989, 128 p.

Due, Ole; Lando, Ole; von Eyben, W. E. (eds):
☐ ***Karnovs EF-samling.***
2. udg., København, Karnov, 1978, xi, 1090 s.

Grabitz, Eberhard:
☐ ***EWG-Kommentar.***
München, C. H. Beck, Loseblattsammlung, 1986

Grabitz, E. (Hrsg.):
☐ ***Abgestufte Integration — eine Alternative zum herkömmlichen Integrationskonzept?***
Kehl/Straßburg, N.P. Engel, IX, 411 S.

Von der Groeben, Hans; von Boeckh, Hans; Thiesing, Jochen; Ehlermann, Claus Dieter:
☐ ***Kommentar zum EWG-Vertrag.***
4. Auflage, 4 Bände, Baden-Baden, 1991, Nomos, 6449 S.

Hallstein, W.:
☐ ***Die Europäische Gemeinschaft.***
5. Auflage, Düsseldorf/Wien, 1979

Hartley, T. C.:
☐ ***The foundations of European Community law. An introduction to the constitutional and administrative law of the European Community.***
2nd ed., Oxford, Clarendon, 1988, xxxiv, 551 pp.

Hilf, Meinhard:
☐ ***Die Organisationsstruktur der Europäischen Gemeinschaften.***
Berlin-New York, Springer, XVII, 442 S.

Ipsen, Hans-Peter:
☐ ***Europäisches Gemeinschaftsrecht.***
Tübingen, Mohr, 1972, 1092 S.

Isaac, Guy:
☐ ***Droit communautaire général.***
3e édition, Masson, Paris, 1990, 318 p.

Jacqué, J. P.; Bieber, R.; Constantinesco, V.; Nickel, D.:
☐ ***Le Parlement européen.***
Economica, Paris, 1984, 286 p.

Kapteyn, P.J.G. & VerLoren van Themaat, P.:
☐ ***Introduction to the law of the European Communities after the coming into force of the Single European Act.***
Edited by L. W. Gormley (2nd ed.), Deventer, Kluwer/Graham & Trotman, 1989, xxvi, 927 pp.

Lasok, D. & Bridge, J. W.:
☐ ***The law and institutions of the European Communities.***
(5th ed.), London, Butterworths, 1991, LXXXIX, 591 p.

Lauria F.:
☐ ***Manuale di diritto delle Comunità europee.***
Torino, UTET, 1990, VIII, 344 p.

Maresceau, Marc:
- ☐ ***De directe werking van het Europese gemeenschapsrecht.***
  Europese monografieën, Deventer, Kluwer, 1978, 330 blz.

Mathijsen, P.S.R.F.:
- ☐ ***A guide to European Economic Community law.***
  Pref. by J.D.B. Mitchell. (5th ed.) London, Sweet & Maxwell, 1990, LVII, 343 p.

Mégret, Jacques; Louis, Jean-Victor; Vignes, Daniel; Waelbroeck, Michel:
- ☐ ***Commentaire Mégret. Le droit de la Communauté économique européenne.***
  Bruxelles, Éditions de l'Université Libre de Bruxelles, 1970-1986, 15 volumes, 2e édition 1990 en cours d'édition.

Molina Del Pozo, C.F.:
- ☐ ***Manual de derecho de la Comunidad Europea.***
  2a ed., Madrid, Editorial Trivium, 1990, 609 p.

Nicolaysen, Gert:
- ☐ ***Europarecht I.***
  Baden-Baden, 1991, Nomos, 267 S. (völlige Neubearbeitung des Ersten Teils des Studienbuchs von 1979).

Oppermann, Thomas:
- ☐ ***Europarecht***
  München, C. H. Beck, 1991

Parry, Anthony; Hardy, Stephen:
- ☐ ***EEC law.***
  (2nd ed.) (With James Dinnage) London, Sweet & Maxwell, 1981, lvi, 531 pp.

Pennacchini, E.; Monaco, R.; Ferrari Bravo, L. (ed.):
- ☐ ***Manuale di diritto comunitario.***
  (2ª ed.), Torino, 1983, 1272 pag.

Plender, Richard:
- ☐ ***A practical introduction to European Community law.***
  London, Sweet & Maxwell, 1980, xxiii, 166 pp.

Pocar, Fausto:
- ☐ ***Diritto delle Comunità europee.***
  (4ª ed.) Milano, Giuffrè, 1991, xxx, 372 pag.

Quadri, Rolando; Monaco, Riccardo; Trabucchi, Alberto:
- ☐ ***Trattato istitutivo della Comunità economica europea. Commentario.***
  4 vol., Milano, Giuffrè, 1965.

Quadri, Rolando; Monaco, Riccardo; Trabucchi, Alberto:
- ☐ ***Trattato istitutivo della Comunità europea del carbone e dell'acciaio. Commentario.***
  3 vol., Milano, Giuffrè, 1970.

Röttinger, M., Weyringer, C., u. a.:
- ☐ ***Handbuch der europäischen Integration.***
  Wien, Manz'sche Verlags- und Universitätsbuchhandlung, 1991, 1079 S.

Schermers:
- ☐ ***Judicial Protection in the European Communities.***
  (5th ed.), Deventer, Kluwer, 1991, xviii, 585 p.

Schweizer, Michael, und Hummer, Waldemar:
- ☐ ***Europarecht.***
  3. Auflage, 1990, Neuwied (etc.), Metzner Verlag, 476 S.

Thiel, Elke:
- ☐ ***Die Europäische Gemeinschaft zwischen Krise und Bewährung.***
  2. Auflage, 1985, Hamburg

Weidenfeld, W.; Wessels, W. (Hrsg.):
- ☐ ***Jahrbuch der europäischen Integration.***
  Bonn (erscheint jährlich).

Wyatt, Derrick; Dashwood, Allan:
- ☐ ***The substantive law of the EEC.***
  (2nd ed.) London, Sweet & Maxwell, 1987, 549 pp.

Kommission der Europäischen Gemeinschaften
Rue de la Loi 200, B-1049 Brüssel

Bureau en Belgique
Bureau in België
Rue Archimède 73
1040 Bruxelles
Archimedesstraat 73
1040 Brussel
Tél. 295 38 44
Télex 26 657 COMINF B
Télécopie 295 01 66

Kontor i Danmark
Højbrohus, Østergade 61
Postbox 144
1004 København K
Tlf.: (33) 14 41 40
Telex 16 402 COMEUR DK
Telefax (33) 11 12 03

Vertretung in der Bundesrepublik Deutschland
Zitelmannstraße 22
53113 Bonn
Tel. 53 00 90
Fernschreiber 886 648
EUROP D
Fernkopie 5 30 09 50

Vertretung in Berlin
Kurfürstendamm 102
10711 Berlin 31
Tel. 89 60 930
Fernschreiber 184 015
EUROP D
Fernkopie 8 92 20 59

Vertretung in München
Erhardtstraße 27
80331 München 2
Tel. 2 02 10 11
Fernschreiber 5 218 135
Fernkopie 2 02 10 15

Γραφείο στην Ελλάδα
Vassilissis Sofias 2
T.K. 30 284
106 74 Athina
Tel. 724 39 82/3/4
Telex 219 324 ECAT GR
Telefax 724 46 20

Oficina en España
Calle de Serrano, 41, 5a
28001 Madrid
Tel. 435 17 00 / 435 15 28
Telex 46 818 OIPE E
Telecopia 576 03 87

Oficina de Barcelona
Av. Diagonal, 407 bis, 18a
08008 Barcelona
Tel. (3) 415 81 77
Telex 97524 BDC E
Telecopia (3) 415 63 11

Bureau de représentation en France
288, bld St Germain
75007 Paris
Télex 202 271 F CCEBRF
Télécopie 45 56 94 17/9

Bureau à Marseille
2, rue Henri-Barbusse
13241 Marseille Cedex 01
Tél. 91 91 46 00
Télex 402 538 EURMA
Télécopie 91 90 98 07

Office in Ireland
Jean Monnet Centre
39, Molesworth Street
Dublin 2
Tel. 671 22 44
Telex 93 827 EUCO EI
Telefax 6 71 26 57

Ufficio in Italia
Via Poli, 29
00187 Roma
Tel. 699 11 60
Telex 610 184 EUROMA I
Telecopia 679 16 58

Ufficio a Milano
Corso Magenta, 59
20123 Milano
Tel. 48 01 25 05
Telex 316 200 EURMIL I
Telecopia 481 85 43

Bureau au Luxembourg
Bâtiment Jean Monnet
rue Alcide De Gasperi
2920 Luxembourg
Tél. 43 01-1
Télex 3423/3446/3476
COMEUR LU
Télécopie 43 01-344 33

Bureau in Nederland
Korte Vijverberg 5
2513 AB Den Haag
Postbus 30465
2500 GL Den Haag
Tel. 346 93 26
Telex 31 094 EURCO NL
Telefax 364 66 19

Gabinete em Portugal
Centro Europeu Jean Monnet
Largo Jean Monnet, 1-10º
1200 Lisboa
Tel. 54 11 44
Telex 18 810 COMEUR P
Telecópia 355 43 97

Office in the United Kingdom
Jean Monnet House
8 Storey's Gate
London SW1P 3AT
Tel. (71) 973 19 92
Telex 23 208 EURUK G
Fax (71) 973 19 00/10

Office in Northern Ireland
Windsor House
9/15 Bedford Street
Belfast BT2 7EG
Tel. 240 708
Telex 74 117 CECBEL G
Telefax 248 241

Office in Wales
4 Cathedral Road
Cardiff CF1 9SG
Tel. 37 16 31
Telex 497 727 EUROPA G
Telefax 39 54 89

Office in Scotland
9 Alva Street
Edinburgh EH2 4PH
Tel. 225 20 58
Telex 727 420 EUEDIN G
Telefax 226 41 05

United States of America
2100 M Street, NW
(Suite 707)
Washington, DC 20037
Tel. (202) 862 95 00
Telex 64 215 EURCOM NW
Telefax 429 17 66

3 Dag Hammarskjöld Plaza
305 East 47th Street
New York, NY 10017
Tel. (212) 371 38 04
Telex 01 2396 EURCOM NY
Fax 758 27 18

Nippon
Europa House
9-15 Sanbancho
Chiyoda-Ku — *Tokyo* 102
Tel. 32 39 04 41
Telex 28 567 COMEUTOK J
Telefax 32 39 93 37

Schweiz-Suisse-Svizzera
Case postale 195
1211 *Genève* 20 C.I.C.
37-39, rue de Vermont
1202 *Genève*
Tél. 734 97 50
Télex 414165 ECO CH
Télécopie 734 22 36

Venezuela
Avenida Orinoco, Las Mercedes
Apartado de correos 67 076
Plaza Las Américas 1061A
Caracas 1060
Tel. 91 51 33
Télex 27 298 COMEU VC
Telecopia 91 88 76

Chile
Casilla 10093
Santiago 1 (Chile)
Avenida Américo Vespucio
SUR 1835
Las Condes
Santiago 10 (Chile)
Tel. (2) 206 02 67
Telex (034) 340 344
COMEUR CK
Telecopia (2) 228 25 71

Europäische Gemeinschaften — Kommission

DAS ABC DES GEMEINSCHAFTSRECHTS

(Vierte Ausgabe)

Luxemburg: Amt für amtliche Veröffentlichungen der Europäischen Gemeinschaften

1994 — 69 S. — 16,2 x 22,9 cm

Reihe **Europäische Dokumentation** — 1993

ISBN 92-826-6291-8

Die Broschüre, vorwiegend für Nichtjuristen verfaßt, versucht, die europäische Rechtsordnung in allgemeinverständlicher Sprache zu erläutern.